Nancy Rue
Richtig schön! Dein Stil, dein Look, dein Leben

Über die Autorin:

Nancy Rue war als Lehrerin an einer Privatschule tätig, arbeitete als Jugendleiterin in einer Gemeinde und führte Theater-Workshops und Ferienlager durch. Sie verfasste Hunderte von Kurzgeschichten und Artikel für Jugendzeitschriften. Darüber hinaus hat sie eine Vielzahl von Ratgebern für Jugendliche sowie Romane geschrieben. Nancy Rue hat eine erwachsene Tochter und lebt mit ihrem Mann in Tennessee.

Nancy Rue

RICHTIG SCHÖN!

Dein Stil, dein Look, dein Leben

Aus dem Englischen von Marion Achenbach

INHALT

*Mein herzlicher Dank gilt der schönsten jungen Frau,
die ich kenne: meiner Tochter Marijean.
Ohne ihren immensen Einsatz und ihre wundervollen Ideen
wäre dieses Buch nicht das geworden, was es jetzt ist.
Ihre Weisheit und Liebe haben mir gezeigt, was wahre Schönheit ist.*

Kapitel 1:

Irgendwie muss es ja weitergehen

An dem Morgen, als Betty elf Jahre alt wurde, warf sie einen langen, prüfenden Blick in den Spiegel. Was sie dort sah, gefiel ihr überhaupt nicht.

Eigenartig … Erst gestern noch hatte sie dasselbe Gesicht im Spiegel betrachtet. Dabei hatte sie sich jedoch nicht viele Gedanken um ihre Sommersprossen, die blauen Augen und die honigbraunen Haare gemacht. Gestern war sie einfach nur Betty gewesen. Aber heute – du lieber Himmel!

War meine Nase schon immer so lang?, fragte sie sich entsetzt.

Und was ist bloß mit meinen Augen los? Irgendwie stehen die plötzlich enger zusammen – ganz eindeutig!

Betty betrachtete ihre Lippen. Wie schmal sie waren! Nicht so prall und sinnlich wie die der Mädchen auf dem Zeitschriftenposter, das sie sich erst vor Kurzem übers Bett gehängt hatte. Genau genommen hatte sie nicht im Entferntesten Ähnlichkeit mit einem Model, noch nicht einmal mit den Trendsettern in der Schule, denen jeder ähnlich sein wollte. Mit zusammengekniffenen Augen sah sie ihr Spiegelbild an.

Ihre Haare waren nicht so schön lang, glänzend und kräftig wie die von Mia.

Ihre Zähne konnten nicht mit den strahlend weißen und geraden Zähnen von Timo mithalten.

Und wo um alles in der Welt kam dieser Pickel auf einmal her? Anna hatte überhaupt keine Pickel!

Betty schnappte nach Luft und ging mit ihrem Gesicht noch näher an den Spiegel heran. Das Mistvieh saß genau zwischen ihren Augenbrauen, leuchtend rot und hässlich. Täuschte sie sich oder wurde das Ding bei längerer Betrachtung immer größer?

Sie trat einen Schritt zurück, in der Hoffnung, dass es aus einiger Entfernung nicht mehr ganz so abscheulich aussah. Pustekuchen! Das hässliche Etwas sah aus wie von einem Scheinwerfer beleuchtet, unübersehbar für den Rest der Welt. Aber das war noch nicht alles. Aus dieser Entfernung blieb ihren Augen von Kopf bis Fuß kein Detail mehr verborgen.

Betty stöhnte. »Oh, Mann, ich bin so was von hässlich!«

Das Mädchen im Spiegelbild sah in ihren Augen aus wie ein unförmiges Schreckgespenst in einem viel zu kleinen T-Shirt und einer schlabbrigen kurzen Hose, aus der zwei Beine zum Vorschein kamen, die noch haariger waren als ein Cockerspaniel. Als Betty sich angeekelt die Hand vor den Mund hielt, fiel ihr Blick auf den froschgrünen Nagellack, den sie sich letzte Woche bei der Pyjama-party aufgetragen hatte. Seitdem hatte sie unablässig an ihren Nägeln herumgekaut.

»Wie seh ich erst aus, wenn ich das Licht anmache?!«, klagte Betty.

Sie drehte ihrem Spiegelbild den Rücken zu und warf einen wehmütigen Blick auf die makellosen Gesichter der Girls auf dem Poster. *Werde ich jemals auch so hübsch sein?*, dachte sie traurig.

Sie konnte sich nicht vorstellen, dass sie diese Frage irgendwann einmal bejahen würde.

WAS NUN?

Was ist dir beim Lesen gerade durch den Kopf gegangen? Welche der folgenden Aussagen trifft da am ehesten auf dich zu?

- ○ Keine Ahnung, was das Problem ist. Ich stehe nur ganz selten vor dem Spiegel.
- ○ Hm, wenn ich in den Spiegel schaue, gefällt mir eigentlich ganz gut, was ich sehe.
- ○ Aber hallo! Ich weiß genau, was Betty meint!

Fast jedes Mädchen im Alter zwischen acht und zwölf Jahren macht sich Gedanken über sein Aussehen – mal mehr, mal weniger. Dein Aussehen ist ein wichtiger Teil deiner Individualität. Sobald dir das bewusst wird, begibst du dich auf eine Reise. Dabei rennst du entweder ständig zum Spiegel und findest immer irgendetwas, das nicht in Ordnung ist. Oder du machst ein Abenteuer daraus und entdeckst die wahre, absolute und unbestreitbare Schönheit, die jedes Mädchen besitzt – auch *du*.

Die Frage, wofür du dich entscheidest, ist leicht zu beantworten. Schließlich hältst du gerade dieses Buch in der Hand. Es soll dir helfen und dir zeigen, wie du dich auf den Weg machen und deine Schönheit entdecken kannst. Du wirst sehen, dass du viel Spaß dabei haben wirst. Dabei geht es nicht nur um die äußere Schönheit – also um Haare, Haut und Kleidung –, sondern auch um dein einzigartiges inneres Wesen, das der Ursprung für deine wahre Schönheit ist. Aber dazu später mehr.

Bevor du dich in das Abenteuer stürzt, solltest du zunächst einmal herausfinden, wo du gerade stehst. Weiter unten kannst du notieren, was du Betty sagen würdest, wenn du neben ihr im Schlafzimmer stehen und sehen würdest, wie sie leidet. Als Hilfe kannst du noch einmal nachsehen, welche Aussage du links angekreuzt hast. Deine Antworten sind weder falsch noch richtig. Schreib einfach offen und ehrlich auf, was du denkst. Falls du später, nachdem du dieses Buch gelesen hast, deine Meinung ändern solltest, hast du am Ende dieses Buches die Möglichkeit, deine Gedanken noch einmal neu zu formulieren.

Liebe Betty,

....

....

....

....

....

....

....

INFO-ECKE

Wenn du über dein Aussehen nachdenkst, liegst du gedanklich wahrscheinlich irgendwo zwischen »Äh, was ist noch mal ein Spiegel?« und »Am liebsten würde ich mir einen Sack über den Kopf ziehen!«. Was auch immer du über Schönheit denkst – aller Wahrscheinlichkeit nach bist du nicht von selbst darauf gekommen, sondern deine Vorstellungen haben sich durch Aussagen in deinem Umfeld und durch deine persönlichen Beobachtungen entwickelt. Vielleicht hast du schon Bemerkungen gehört wie:

- ○ »Sie ist so was von dünn! Ich wünschte, ich würde auch so aussehen.«
- ○ »Ihre Haut ist perfekt. Sieh dir das mal an! Ich wette, die hat noch nie einen Pickel gehabt.«
- ○ »Lange blonde Haare und große blaue Augen – beneidenswert!«
- ○ »Die sieht aus wie ein Model. Wenn man so aussieht, dann ist man beliebt.«

Wenn man die Leute so reden hört, könnte man meinen, dass nur die Mädchen hübsch sind, die aussehen wie ein Strich in der Landschaft, die eine makellose Haut haben, lange blonde Haare und große blaue Augen – und die sich nur nach der allerneuesten Mode kleiden. Aber überleg mal, wie viele Mädchen und Frauen du kennst, die du hübsch findest. Entsprechen sie wirklich alle diesem Bild?

Was ist mit

- deiner besten Freundin?
- deiner Lieblingslehrerin?
- deiner coolen Tante, deiner Cousine, der du gerne ähnlich sehen würdest, und deiner Mutter?

Und, hallo – was ist mit *dir*?

Ja, du! All die Menschen, die dich mögen und lieb haben, kannst du nicht an einer Hand abzählen. Es sind ganz bestimmt mehr als fünf Leute! Frag doch mal einen von ihnen, ob er dich hübsch findet. Garantiert wirst du zu hören bekommen:»Du siehst einfach umwerfend aus!« Oder so ähnlich. Bei deiner Suche nach deiner eigenen Schönheit kommt es eigentlich nur darauf an, dass die Menschen, die dir in deinem Leben viel bedeuten, in der Lage sind, echte und einzigartige Schönheit zu erkennen. Dabei ist es egal, was andere darunter verstehen. Wie kommt ein Mädchen, das hübsch sein will, dann aber darauf, dass es aussehen muss wie das Covergirl von »Bravo Girl«?

Wichtig!

Wenn du wissen willst, ob ein Junge dich hübsch findet, stell ihm diese Frage niemals, wenn er noch nicht mindestens 25 ist. Eher kann er nämlich mit solchen Fragen noch nicht umgehen. Du wirst garantiert irgendeine blöde Antwort bekommen, die vielleicht sogar bedeutet, dass er dich mag. Besser ist, du fragst ihn erst gar nicht.

Problem Nr. 1: Der Einfluss der Medien. Dazu gehören das Internet, Fernsehen, Filme, Reklame, Zeitschriften – all das, womit möglichst viele Menschen erreicht werden sollen. Die gut aussehenden Frauen (und Männer), die dort zu sehen sind, sind zwar alle ganz unterschiedlich, aber sie haben eines gemeinsam: Sie sind perfekt. Ups – halt! Ich meine, sie sehen perfekt aus. Aber wenn du einer von ihnen außerhalb des Studios begegnen würdest, könntest du sofort erkennen, dass auch sie, wie jeder andere Mensch, nicht ohne Makel sind: Sie haben Haare, die nicht richtig liegen, vielleicht eine Zahnspange, die in einem scheinbar unbeobachteten Moment in den Mund geschoben wird, vielleicht sogar einen Pickel. All diese Details kannst du in dem Werbespot oder auf der Filmleinwand natürlich nicht sehen. Das liegt zum einen daran, dass ein ganzes Team von Visagisten (so nennt man die Leute, die andere professionell stylen und schminken), Trainern und Kostümbildnern mit den Darstellern und Models beschäftigt waren, bevor diese vor die Kamera traten. Zum andern können Filmredakteure mithilfe digitaler Technik erstaunliche Tricks anwenden. Nur ein paar Klicks in einem Computerprogramm und schon ist die nervige Haarsträhne oder der Riesenpickel verschwunden. Die Augen werden in Sekundenschnelle dunkler gemacht. Eine kleine Veränderung auf dem Bildschirm und schon sitzt das Kleid besser. Na, geht dir ein Licht auf? Cindy Crawford, ein berühmtes Model, hat einmal gesagt: »Sogar ich wache morgens nicht auf und sehe sofort aus wie Cindy Crawford.«

Problem Nr. 2: Das Vorbild der Models. Vielleicht hast du schon einmal eine Ausgabe von »Germany's next Topmodel« gesehen und in deinen Augen sahen die Mädchen ziemlich perfekt aus. Die Frauen hatten nicht ein Gramm Fett am Körper … Bevor du dir jetzt aber vorkommst wie ein Walross, weil du mit deinen zehn Jahren mehr wiegst als sie mit zwanzig, vergiss Folgendes nicht: Models sind von Natur aus eher dünn und sehr groß. Wenn sie dann in den Beruf einsteigen, müssen sie darauf achten, ihr Gewicht immer möglichst gering zu halten. Viele Models müssen ständig eine Diät einhalten. Sie leben praktisch nur noch von Wasser und Selleriestangen und müssen stundenlang Sport treiben, um ihre Figur zu halten. Du solltest nicht einmal im Traum daran denken, ihnen nachzueifern! Dein Körper muss noch wachsen und das sollte unter gesunden Voraussetzungen geschehen.

Problem Nr. 3: Bemerkungen von Jungs. Aus blöden Kommentaren machst du dir nichts? Trotzdem: Es ist nun mal unmöglich, sie zu überhören. Jungs haben mit ihren eigenen Problemen zu kämpfen, und viele von ihnen sind der Meinung, sie müssten dabei den Clown spielen. Dir ist wahrscheinlich schon aufgefallen, dass das, was Jungs witzig finden, dich und deine Freundinnen nicht gerade vom Hocker reißt. Sie finden es urkomisch, dich »Schnee-kettenträger« zu nennen, weil du gerade eine neue Zahnspange bekommen hast, oder, wenn du neben ihnen stehst, dir auf den Kopf zu hauen, weil sie angeblich deine Läuse totschlagen wollen. Auch wenn du weißt, dass sie zurzeit einfach nur ekelhafte Fieslinge sind, kannst du dich in deinen Gefühlen durch sie verletzt fühlen. Gib ihnen noch ein paar Jahre Zeit. Irgendwann werden sie netter werden. Such dir in der Zwischenzeit andere Personen, die du fragen kannst, wenn du einen Beauty-Tipp brauchst.

Problem Nr. 4: Vergleiche mit den wirklich »coolen« Mädels.
Irgendwann in der Grundschule stellt sich allmählich heraus, dass manche Mädchen als besonders »cool« gelten. Wer das bestimmt, weiß eigentlich keiner so genau. Leider ist es aber einfach so. Weil die coolen Mädels jede Menge Aufmerksamkeit bekommen und immer von einem Haufen Freunde umringt sind, will fast jeder so sein wie sie. Und dann geht es los mit dem Vergleichen:

»Ihre Haare sind blonder (oder dunkler) als meine.«

»Ihre Augen sehen größer (oder blauer oder strahlender) aus als meine.«

»Meine Klamotten sind nicht so süß wie ihre.«

»Sie muss nicht so eine blöde Zahnspange tragen wie ich.«

Die Versuchung ist groß, dass du dich dann am liebsten verändern und genau so werden willst wie die coole Lena (oder wie auch immer sie bei dir in der Klasse heißt). Vielleicht kannst du sie aber auch auf einmal nicht mehr leiden, weil du dir jedes Mal so minderwertig vorkommst, wenn du ihr begegnest. Aber weißt du was? Du fühlst dich höchstens deprimiert, unglücklich und gereizt, wenn du dich mit anderen vergleichst – aber niemals schöner!

Übrigens, Tatsache ist: *Du bist bereits schön!* Auch wenn beim Lesen in diesem Buch bei dir sonst nichts anderes hängen bleibt, vergiss nie: *Du bist schön!* Vielleicht hast du, von außen betrachtet, »noch nicht ganz zu dir selbst gefunden«. Du weißt möglicherweise noch nicht so ganz, wie du das Beste aus deinem Äußeren herausholen kannst. Oder in deinem Leben passieren schlimme Dinge, die dich davon abhalten, deine wahre Schönheit zu zeigen. Aber was Gott geschaffen hat, kann niemals hässlich sein. (Na gut, Kakerlaken hat er auch erschaffen, und die sind nicht gerade schön. Es gibt allerdings Jungs, die sich wie Kakerlaken benehmen, und diese Jungs sind von sich selbst meistens ziemlich überzeugt.)

Gott hat dich einzigartig, besonders und schön gemacht. Er möchte, dass du du selbst bist. Finde heraus, wer du bist, und dann lass deine innere Schönheit nach außen strahlen.

Woher ich das alles weiß? Lies einfach mal weiter …

FRAG DOCH MAL GOTT!

Du glaubst doch an Gott, oder? Glaubst du auch, dass er alles im Griff hat, weil er unser vollkommener himmlischer Vater ist? Schau mal, was David in Psalm 139 über Gott gesagt hat:

- Gott weiß alles über dich (Verse 1-4).
- Gott ist überall (Verse 5-12).
- Jede einzelne Zelle in dir wurde von Gott erschaffen (Vers 13).

Wenn du das glaubst, kannst du gemeinsam mit David sagen: »Ich danke dir, dass du mich so herrlich und ausgezeichnet gemacht hast!« (Vers 14)

Das bedeutet: So, wie du bist, bist du »herrlich« und »ausgezeichnet«! Jetzt hast du den Beweis. In der Bibel steht es schwarz auf weiß! Jedes Detail an dir und jede einzelne deiner Eigenschaften hat Gott sich liebevoll ausgedacht. Er hat an dich gedacht und so bist du entstanden. David hat seine Freude darüber so ausgedrückt:»Wie kostbar sind deine Gedanken über mich, Gott!« (Psalm 139,17).

Du bist das Ergebnis von Gottes kostbaren Gedanken. Ist das nicht cool? Du bist nicht entstanden, weil irgendeine Modelagentur an dich gedacht hat oder weil es der Zufall so wollte. Nein, du bist ein Gedanke Gottes!

Du bist ein wunderschöner Mensch. Glaub mir!

Gott möchte nicht nur, dass du das weißt. Du sollst deine Schönheit auch zeigen. Aber nicht, indem du dir mit Make-up eine dicke Maske verpasst oder Unsummen von Geld für Klamotten ausgibst, sondern durch deine innere Ausstrahlung.

Du kannst und sollst die kostbaren Gedanken, die Gott über dich hat (Lies mal den kompletten Psalm 139 in deiner Bibel nach!), nach außen zeigen und leuchten lassen wie ein Licht. Sei ganz so, wie Gott dich geschaffen hat, dann werden andere durch deine Schönheit Jesus in dir sehen und sich von dir angezogen fühlen.

Dann kannst du sie lieben und ihnen dadurch noch mehr von Gottes Wesen zeigen. Das funktioniert allerdings nie, wenn man seine Schönheit versteckt hält.

Na gut, ich weiß, jetzt brennt dir eine Frage besonders auf den Lippen:

»Aber es ist doch so, dass manche Mädchen tatsächlich viel besser aussehen als andere. Haben manche nicht von Natur aus eine stärkere Ausstrahlung?«

Nun, dann stell dir doch einmal vor, wie Gott ein Baby erschafft. Und wie Gott auf einmal sagt:»Upps, jetzt ist mir die kleine Lara nicht so gut gelungen wie die Lisa dort drüben! Ich hasse es, wenn mir das passiert!«Glaubst du wirklich, das könnte ihm passieren? Natürlich nicht! Auf jedem winzigen Wesen, das Gott erschafft, hinterlässt er seine wundervollen Fingerabdrücke. Wir sind alle liebevoll gestaltet worden und jeder hat seine eigenen Gaben und seine besondere Ausstrahlungskraft. Jeder Mensch ist ein Original. Jeder von uns ist ein Kunstwerk Gottes, das unbezahlbar ist. Auch du! Gott hat dich »herrlich und ausgezeichnet« gemacht. Dein Job ist es jetzt, deine ganz eigene, individuelle Schönheit zu entdecken und zu entfalten – sowohl die innere als auch die äußere. Bist du bereit für die Entdeckungstour?

»Niemand würde eine Lampe anzünden und dann etwas darüberstülpen oder sie unters Bett stellen. Nein, Lampen werden da aufgestellt, wo jeder, der hereinkommt, sie sehen kann.«

Lukas 8,16

Als Jesus diese Worte sagte, standen auch Frauen in der Menge: Maria Magdalena, Johanna, Susanna und viele andere. Sie waren alle von Jesus geheilt worden. Jetzt unterstützten sie ihn und seine Jünger mit ihrem Geld und ihren Fähigkeiten. Sie hörten auf die Botschaft, die Jesus ihnen weitersagte. Willst du das nicht auch tun?

TESTE DICH!

Zunächst einmal ist es wichtig, dass du wirklich ehrlich zu dir selbst bist. Mach den Test allein oder mit einer Freundin, zu der du Vertrauen hast. Falls du lieber keine Notizen in dieses Buch eintragen willst, weil du befürchtest, dass deine neugierigen kleinen Geschwister es sich unter den Nagel reißen und darin herumblättern könnten, kannst du dir auch ein separates Blatt Papier nehmen, auf dem du deine Antworten notierst. Später kannst du es dann zu Konfetti verarbeiten. Schließlich geht das keinen außer dir etwas an.

Kreuze alle Sätze an, die dir schon einmal länger als, sagen wir, zwei Sekunden durch den Kopf gegangen sind. Selbst wenn du weißt, dass dieser Gedanke Unsinn ist, mach ein Kreuz davor, wenn er dir immer mal wieder zu schaffen macht. Bei deinen Antworten geht es nicht um richtig oder falsch, gut oder schlecht. Es geht einfach nur um dich.

- O Ich bin so fett.
- O Ich bin hässlich.
- O Ich sehe eigentlich gar nicht mal so schlecht aus, bis auf
  ....
- O Ich bin zu groß (oder zu klein).
- O Ich habe die .... (z. B. Nase, Lippen)
  meines Vaters. Das gefällt mir gar nicht.
- O Am liebsten würde ich wie ein Star (Model, Sängerin, Schauspielerin) aussehen.
- O Ich werde nie so aussehen wie ein Star. Das ist ganz schön deprimierend.
- O Manche Leute sagen, dass ich hübsch bin, aber das glaube ich ihnen nicht.
- O Manche Leute sagen, dass ich nicht hübsch bin, und das glaube ich ihnen auch.
- O Ich unternehme eigentlich nichts, um hübscher auszusehen, weil es sowieso nichts bringen würde.

- ○ Ich wünschte, ich wäre hübscher, dann hätte ich mehr Freunde.
- ○ Mir ist es egal, wie ich aussehe. Ich mag dieses mädchenhafte Getue überhaupt nicht. Das ist absolut nicht mein Ding.
- ○ Es macht mich wahnsinnig, dass ich .... (z. B. eine Brille, Zahnspange) tragen muss. Damit sehe ich total bescheuert aus.

Zähle nun deine Kreuze und schreib hier auf, wie viele es sind:
....

Wenn du zwischen 11 und 13 Kreuze gemacht hast, ist dieses Buch haargenau für dich geschrieben. Dir fällt es ziemlich schwer, deine eigene Schönheit zu sehen. Du wirst erstaunt sein, was du jetzt alles herausfinden wirst, und jede Entdeckung wird eine Überraschung für dich sein!

Wenn du zwischen 4 und 10 Kästchen angekreuzt hast, bist du nicht allein. Die meisten Mädchen in deinem Alter haben stark schwankende Gefühle, was ihr Aussehen betrifft. Mal sind sie der Meinung, dass sie gar nicht so schlecht aussehen, dann plötzlich sind sie überzeugt davon, dass sie bei einem Schönheitswettbewerb sogar von Dracula übertrumpft werden könnten. Wenn du in diesem Buch weiterliest, wird sich dein Bild von dir selbst garantiert zum Positiven verändern.

Wenn du zwischen 0 und 3 Kreuze gemacht hast, dann kannst du deine Schönheit schon ziemlich gut sehen und genießen. Am Ende dieses Buches wirst du feststellen, dass sich die Gedanken, die du eventuell trotzdem angekreuzt hast, in Luft aufgelöst haben.

Egal, was du angekreuzt hast, du bist dabei, dich auf eine wunderbar große Entdeckungsreise zu begeben. Das bedeutet nicht, dass du hinterher ein Model sein wirst (es sei denn, das war von Anfang an Gottes Plan für dich). Dieses Buch ist auch keine Anleitung, wie du so »cool« werden kannst wie die anderen Mädchen. Aber du wirst herausfinden, was an dir selbst toll ist, und feststellen, dass Gott dich als wunderschöner Mensch geschaffen hat.

Bei dem Test geht es nicht darum, ob du »perfekt« oder »schlimm« aussiehst. Das gilt übrigens auch für alle anderen Tests in diesem Buch. Du sollst dadurch einfach nur herausfinden, wo du gerade stehst und wo du noch hinkommen kannst. Wenn du schon perfekt wärst (und das ist schließlich keiner!), dann hättest du keinen Grund, dich auf diese abenteuerliche Reise zu begeben.

JETZT KANN'S LOSGEHEN!

Wer eine Reise antritt, muss zuerst die Koffer packen. Bevor du also zum zweiten Kapitel übergehst, solltest du erst einmal den folgenden Beauty-Check machen.

BEAUTY-CHECK

Klemm dir dieses Buch unter den Arm, schnapp dir einen Kuli oder Bleistift und such dir einen Spiegel, in dem du möglichst viel von dir sehen kannst. Am besten ist es, wenn du bei deinem »Check« ungestört bist und keiner in der Nähe ist, der nervige Bemerkungen macht, weil du dich so lange im Spiegel anstarrst.

Beurteile ganz ehrlich die schönen Seiten, die du an deinem Gegenüber im Spiegel feststellst. Sieh dir jedes Detail genau an: deinen hübschen Haaransatz, die süße kleine Windpockennarbe und deine großen, strahlend weißen Zähne. Betrachte deine Haare, deinen Mund, die Form deines Gesichts, die Augenbrauen, dein Lächeln, deine Augen, deine Haut, Nase, Arme, Beine, Körpergröße, Schultern und Hände. Beschreibe jedes einzelne Detail. Wie gesagt, du musst dabei ehrlich sein; achte aber auch darauf, dass alles, was du feststellst, ein Kompliment für dich und deinen Körper sein muss.

Wirf einen weiteren Blick in den Spiegel und lächle das Mädchen, das dir gegenübersteht, an, als ob du seine beste Freundin sein willst. Was passiert jetzt mit deinem Gesicht?

Als Nächstes starrst du dein Spiegelbild finster an, so, als ob du es überhaupt nicht ausstehen kannst.

Welcher Gesichtsausdruck sah wohl besser aus?

Das bedeutet natürlich nicht, dass du von jetzt an 24 Stunden am Tag ununterbrochen lächeln sollst. Diese Übung ist dazu da, dass du lernst, die Dinge in anderen Menschen zu sehen, die dir gefallen und die dich zum Lächeln bringen. Auf diese Weise bringst du deine wahre Schönheit zum Vorschein. Der Beauty-Check will dich auch dazu ermutigen, mit dir selbst wie mit deiner besten Freundin umzugehen. Liebe dich so wie deine beste Freundin und behandle dich genauso gut und freundlich. Glaub mir, das wird dir richtig guttun!

Wenn dir bewusst wird, was für ein liebenswerter Mensch du bist, und dass du deine Schönheit auch nach außen hin zeigen kannst, ist das natürlich kein Freifahrtschein für Überheblichkeit. Es wäre ziemlich eingebildet, wenn du jeden, der dir über den Weg läuft, auf deine Vorzüge aufmerksam machen würdest (»Keiner hat so schöne Sommersprossen im Gesicht wie ich, nicht wahr?«). Ein solches Verhalten ist damit nicht gemeint. Freu dich einfach über das, was du bei deinem Beauty-Check herausfindest!

MEINE NOTIZEN

Bei meinem Beauty-Check habe ich herausgefunden, dass

....
....
....
....
....
....
....
....
....
....
....

Kapitel 2:

FÜHL DICH WOHL IN DEINER HAUT!

Betty schleppte sich vor den Spiegel (sie hatte gerade elf Punkte bei dem Test im ersten Kapitel angekreuzt). Unablässig murmelte sie vor sich hin: »Ich bin herrlich und ausgezeichnet gemacht.«

Tatsächlich glaubte sie zu sehen, dass ihre Augen ein wenig heller leuchteten als sonst. Allerdings standen ihre Ohren irgendwie ziemlich ab. Ihre beste Freundin Marie hatte schöne, flache Ohren. Sie sah nicht so aus wie ein Volkswagen mit offenen Türen.

Ups!, dachte Betty. *So sollte ich doch gar nicht mehr denken.*

Es ging ihr wirklich besser, seitdem sie sich selbst nicht mehr ständig mit Beleidigungen bombardierte. Allerdings war es immer noch ziemlich hart, wenn andere Leute auf ihr herumhackten. Wie der freche kleine Maik zum Beispiel. Als er sie gefragt hatte, ob der kleine Mini-Vulkan auf ihrer Stirn Teil eines wissenschaftlichen Projekts sei, war Betty unter Tränen ins Badezimmer gerannt. Sie hatte ihr Spiegelbild angestarrt und festgestellt, dass Maik sogar untertrieben hatte: Auf ihrer Stirn leuchtete ihr nicht nur ein vulkanartiger Pickel entgegen, der jeden Moment zu explodieren drohte, es waren sogar zwei! Am liebsten hätte sie ihren Kopf in eine der Toiletten gesteckt.

Stattdessen beschloss Betty, das zu tun, was sie vor Kurzem gelernt hatte. Sie wandte sich an die Menschen, die sie wirklich liebten, und fragte sie: »Meine ich das bloß, oder sind diese Pickel wirklich so eklig, wie sie aussehen?«

Ihr Vater sah sie mit zusammengekniffenen Augen an und fragte dann: »Welche Pickel?«

Ihre Mutter tröstete sie mit den Worten: »Mach dir keine Sorgen, Schatz. Das geht irgendwann vorbei.« Wann das sein würde, verriet sie allerdings nicht.

Bettys beste Freundin versuchte, sie zu beruhigen: »So schlimm sind sie doch gar nicht – ehrlich!« Betty hätte sie für diese Lüge umarmen können.

Aber keine dieser Antworten half ihr wirklich, dass sie sich besser fühlte. Am nächsten Tag versuchte Betty sogar, ihre Mutter zu überreden, dass sie nicht zur Schule musste – und zwar so lange, bis dieses »wissenschaftliche Projekt« in ihrem Gesicht verschwunden war.

Frag doch mal Gott!

Selbst wenn du bis jetzt keine bösen Überraschungen in deinem Gesicht bemerkt hast (und vielleicht hast du ja das Glück, dass das so bleibt), ist es sehr wichtig, dass du deine Haut gut pflegst, denn sie ist das größte Organ, das wir haben. Die Haut dient als Schutzorgan von innen und außen und ist verantwortlich für die Regelung unseres Wärmehaushalts. Wenn deine Haut nicht gesund ist, kann dein Körper auch nicht in Höchstform sein.

Gott möchte aber, dass du gesund bist. Deshalb legt auch er großen Wert auf die Hautpflege.

Klar macht es uns wahnsinnig, wenn mit unserer Haut etwas nicht in Ordnung ist. Schließlich kann jeder es sehen, und manche Menschen machen auch keinen Hehl daraus, wie sehr sie sich vor einem unschönen Anblick ekeln.

Ja, Gott versteht es vollkommen, dass unsere Haut so wichtig für uns ist. In der Bibel gibt es viele Stellen über die Haut- und Körperpflege. Wenn du sie liest, wirst du erkennen, dass eine gepflegte Haut ein Symbol für Gottes Liebe ist. Hier einige Beispiele:

- Öl ist ein Produkt der Schöpfung Gottes. Es pflegt unseren Körper (Psalm 104,15).
- Die Frau aus Betanien goss Jesus einen ganzen Krug voll teures Parfümöl über den Kopf. Damit wollte sie allen zeigen, wie sehr sie Gott liebte (Matthäus 26,6-13).
- Für das Volk Gottes war eine gepflegte Haut ungeheuer wichtig. Du glaubst mir nicht? Nun, das 3. Buch Mose enthält einige

Kapitel, die voll sind von Anweisungen für eine gute Hautpflege (lies mal Kapitel 13-15).

- Selbst in der Zeit, als Jesus gelebt hat, galten diese Reinheitsvorschriften noch:»Die Juden, besonders die Pharisäer, essen nicht, bevor sie sich nicht Wasser über die Hände gegossen haben, wie ihre überlieferten Satzungen es vorschreiben. Auch essen sie nichts von dem, was sie auf dem Markt gekauft haben, bevor sie nicht ihre Hände in Wasser getaucht haben« (Markus 7,3-4).

- Bei diesen Verhaltensregeln ging es eigentlich mehr um die innere Reinheit als um die äußere, aber diese Tradition half ihnen sehr zu verstehen, was Reinheit für Gott bedeutet.

INFO-ECKE

Alles, was Gott dir gegeben hat, bedarf guter Pflege, also auch deine Haut. Du kannst *jetzt* damit anfangen, selbst wenn bei dir noch keine Spur eines»Makels«zu sehen ist. (Auch wenn das Wort»Makel«nicht ganz passt, diese Umschreibung eines Pickels ist doch etwas mehr ladylike, findest du nicht auch?)

Wichtige Beauty-Tipps zur Hautpflege

- Wasch dir jeden Morgen und Abend und nach jeder schweißtreibenden Tätigkeit mit einer milden Seife das Gesicht. Spül es danach gründlich mit klarem Wasser ab, denn Seifenrückstände mag deine Haut überhaupt nicht. Das Wasser sollte am Schluss kalt sein, weil sich dadurch die Poren der Haut zusammenziehen. So verhinderst du, dass sich der Schmutz zu rasch wieder darin festsetzen kann.

Achte darauf, dass du deine Haut nicht so fest schrubbst wie einen Kochtopf! Sanfte Bewegungen sind wichtig, damit die Haut nicht gereizt wird. Geh liebevoll mit dir selbst um!

- Nachdem du dein Gesicht gewaschen hast, prüfe, ob sich die Haut gespannt anfühlt. Das kannst du feststellen, indem du einfach lächelst. Wenn du ein Spannungsgefühl bemerkst, creme dich mit Feuchtigkeitscreme ein, die einen Sonnenschutz enthält. (Dazu später mehr.)
- Wenn deine Haut ziemlich fettig ist (das kannst du mithilfe des Tests auf S. 39 herausfinden), achte darauf, dass du nicht fettende Cremes oder Gels benutzt, die ebenfalls einen Sonnenschutz enthalten.
- Vergiss auch nicht, den Rest deines Körpers zu pflegen. Du solltest regelmäßig duschen oder baden und dabei eine milde Seife und einen Luffa-Handschuh oder Waschlappen benutzen. Damit kannst du die abgestorbenen Hautzellen leicht entfernen, die sich natürlicherweise auf der Hautoberfläche befinden. Achte beim Duschen besonders auf folgende Bereiche:
- Der Nacken: Dort kann sich in den kleinen Hautfalten Schmutz ablagern.
- Die Arme: An der Außenseite der Arme bilden sich leicht Hautschuppen, weil dort die Haut schnell trocken wird.
- Die Ellbogen: Manche Leute haben ziemlich schmutzige Ellbogen. Das sieht nicht gerade attraktiv aus.
- Die Pobacken: Hier bilden sich besonders gerne Pickel.
- Die Beine: Wenn du viel und gerne tobst und ziemlich aktiv bist, sind die Knie oft dreckig.
- Die Füße: Ganz klar! Hier musst du besonders auf die Zehenzwischenräume achten, weil sich dort leicht Fußpilz bilden kann.

- Dusch dich gründlich mit klarem Wasser ab. Creme dich nach dem Duschen oder Baden am ganzen Körper mit einer Bodylotion ein. Das riecht nicht nur gut, sondern deine Haut wird sich dadurch auch schön weich anfühlen. Wenn dir das zu viel Arbeit ist, kannst du auch Babyöl in eine Sprühflasche füllen und dich damit einsprühen, solange dein Körper noch nass ist. Nimm ein Handtuch und tupfe dich vorsichtig damit trocken. Du darfst die Haut nicht trocken rubbeln, weil das Öl sonst wieder abgeht.

- Deine Hautpflege sollte genauso automatisch ablaufen wie das Zähneputzen nach dem Essen (du putzt sie doch hoffentlich regelmäßig, oder?).

Bevor du abends ins Bett fällst, solltest du dir unbedingt das Gesicht waschen. Denn dort lagert sich der ganze Schmutz ab, der sich tagsüber so ansammelt. Wenn du dich abends absolut nicht mehr dazu aufraffen kannst, bitte deine Mutter, dir ein paar Reinigungstücher fürs Gesicht mitzubringen, wenn sie das nächste Mal einkaufen geht. Damit ist die Gesichtspflege schnell erledigt.

Was du sonst noch unbedingt wissen musst

- Wir brauchen die Sonne, weil sie uns das wichtige Vitamin D liefert und uns bei Laune hält. Aber ihre Strahlen können für unsere Haut auch schädlich sein. Egal, was andere dir erzählen, eine zu lange und starke Sonnenbestrahlung ist für deine Haut nicht gesund, sondern schädigt sie!
- Deshalb musst du dich schützen. Wenn du zwischen 10 Uhr morgens und 16 Uhr nachmittags in der Sonne Vitamine tan-

ken willst, solltest du ein Sonnenschutzmittel mit einem Lichtschutzfaktor von mindestens 15 benutzen. Bei heller Haut sollte der Lichtschutzfaktor sogar noch höher sein. Das gilt übrigens auch, wenn der Himmel bewölkt ist. Achte auf das Mindesthaltbarkeitsdatum der Sonnenschutzcreme. Wenn es schon abgelaufen ist, ist auch der Schutz nicht mehr wirksam.

• Creme dich an allen Stellen ein, die der Sonne ausgesetzt sind, auch an den Händen. Das solltest du alle zwei bis drei Stunden wiederholen, sowie zusätzlich nach dem Schwimmen, wenn du aus dem Wasser steigst. Auch deine Lippen solltest du mit einem Lippenpflegestift mit Lichtschutzfaktor 15 pflegen, da die Haut dort sehr empfindlich ist und leicht verbrennen kann.

Sonnenstudios sind nicht ungefährlicher als die Sonne. Bevor du also mit dem Gedanken spielst, dir für den Rest deines Lebens eine Dauerkarte zu kaufen, gewöhn dich lieber an die Tatsache, dass deine natürliche Hautfarbe genauso schön ist. Das ist viel gesünder!

• Hautschäden, die durch die Sonne entstehen und Krebs verursachen, entstehen normalerweise schon vor dem zwanzigsten Lebensjahr. Davon will man natürlich nichts wissen, wenn man am Strand oder Pool liegt und einfach nur Spaß haben will. Tatsache ist aber, dass die Chancen, Hautkrebs zu bekommen, sich verdoppeln, wenn man vor dem achtzehnten Lebensjahr bereits zwei starke Sonnenbrände hatte. Das will natürlich keiner. Außerdem wird deine Haut später so schrumpelig aussehen wie eine alte Lederhandtasche, wenn sie regelmäßig zu stark gebräunt wird.

• Ernähr dich gesund. Achte darauf, dass dein täglicher Speiseplan genügend Gemüse, Obst, Vollkornprodukte, mageres Fleisch (wie Huhn und Fisch) und Milchprodukte enthält. Ein paar Naschereien sind okay, aber übertreib es nicht damit. Lieber eine kleine Lieblingssüßigkeit bewusst zwischendurch genießen als abends eine ganze Tüte Chips vor dem Fernseher verschlingen. Warum? Gesundes Essen enthält die Nährstoffe, die deine Haut braucht, um gesund zu sein. Sie »reparieren« kleine Hautverletzungen, die immer mal wieder vorkommen. Deine Haut muss gesund sein, wenn sie schön aussehen soll. Durch Limos und Schokoriegel kannst du das nicht erreichen. Ob du's glaubst oder nicht: durch Vitaminreiches schon!

- Trink reichlich Wasser, mindestens acht Gläser pro Tag. In der Schule ist das nicht so einfach umzusetzen. Versuch trotzdem, zwischendurch immer mal wieder einen Schluck Wasser zu trinken. Das Wasser sorgt dafür, dass du eine schöne, reine Haut bekommst.

- Schwitzen beim Sport ist gut, weil der Schweiß ein natürliches Reinigungsmittel für die Haut ist. Zwanzig Minuten intensives Training am Tag sind eine Wohltat für dich und deine Haut. Also, los geht's, runter vom Sofa! Geh mit dem Hund spazieren, spiel mit deinen Freunden ein spannendes Versteckspiel, mach irgendetwas, was dir Spaß macht und dich zum Lachen und ins Schwitzen bringt.

- Du solltest nachts mindestens acht bis zehn Stunden schlafen. Dein Körper – also auch deine Haut – braucht diese Zeit, um sich von den Strapazen des vergangenen Tages zu erholen.

FAQs über Pickel

? Woher kommen die Pickel überhaupt?

! Je mehr du dich dem Teenageralter näherst, desto mehr Fett produziert deine Haut. Bei manchen Mädchen verstopfen die Talgdrüsen durch eine Überproduktion an Fett. In Kombination mit abgestorbenen Hautzellen entzünden sie sich dann. Und schwuppdiwupp entsteht daraus ein Pickel!

? Stimmt es, dass manche Nahrungsmittel, wie Pommes oder Schokolade, Pickel verursachen?

! Nicht wirklich. Das Fett, das die Probleme verursacht, kommt von innen. Es kann allerdings sein, dass Weißmehlprodukte und Zucker Pickelprobleme noch verschlimmern. Eine gesunde Ernährung ist deshalb nie verkehrt.

? Wie kann ich mich also vor Pickeln schützen? Sie sind so eklig!

! Die schlechte Nachricht ist, dass du manchmal Pickel bekommen wirst, egal, wie du dich verhältst. Bei manchen Leuten ist die Wahrscheinlichkeit sogar hoch, dass sie welche bekommen, weil ihre Haut so viel Talg produziert. Das ist natürlich ärgerlich. Aber manchmal kannst du das Problem auch verhindern, wenn du deine Haut so pflegst wie auf den vorigen Seiten beschrieben.

? Wenn ich einen von diesen ganz ekligen Pickeln bekomme, die einen weißen Punkt in der Mitte haben, soll ich ihn dann ausdrücken?

! Auf keinen Fall! Bind dir, wenn es sein muss, die Hände fest, aber fass diesen Pickel nicht an! Wenn du ihn ausdrückst oder auch nur hineinstichst, wirst du die Bakterien, die ihn verursacht haben, überall verteilen und garantiert noch mehr davon bekommen! Je mehr du an ihm herumfummelst, desto länger wird es dauern, bis er verheilt ist. Außerdem könnte dadurch eine Narbe zurückbleiben, die du nie wieder loswirst. Der Pickel wird irgendwann verschwunden sein – auch wenn dir bis dahin jeder Tag endlos vorkommt.

? Aber was kann ich denn dann dagegen tun? Es sieht so hässlich aus!

! Bei einem Pickel mit einem weißen Punkt in der Mitte kannst du verschiedene Möglichkeiten ausprobieren:

• Betupfe die Stelle mit einem Wattestäbchen, das du vorher mit Teebaumöl getränkt hast.
• Bevor du ins Bett gehst, kannst du ein weiches Tuch mit etwas heißem (nicht kochendem!) Wasser tränken und es sanft auf den Pickel drücken. Hab Geduld! Er wird bald von alleine aufgehen und austrocknen.
• Am nächsten Tag kannst du ihn dann mit einem Abdeckstift betupfen.

? Und was ist mit diesem blöden schwarzen Dreck, der sich immer in meinen Poren festsetzt?

! Ach ja, du meinst die Mitesser? Das ist kein Dreck, sondern eine Reaktion der Hautpigmente auf den Sauerstoff. Mitesser entstehen, wenn eine Pore durch eine erhöhte Talgproduktion und abgestorbene Hautzellen verstopft wird. Da sie am Anfang noch nicht entzündet sind, kannst du ihnen ruhig »auf den Leib rücken«. Nach einer heißen Dusche kannst du vorsichtig versuchen, den Mitesser vom Rand her mit dem Finger auszudrücken. Natürlich darfst du nicht mit dem Fingernagel darin herumstochern. Wenn er sich nicht sofort ausdrücken lässt, lass ihn in Ruhe, und versuch es noch einmal, wenn du das nächste Mal geduscht hast. Wenn du viele Mitesser hast, benutze nach dem Waschen ein Peeling. Verteil es vorsichtig und sanft im Gesicht. Du brauchst nicht so fest zu rubbeln. Die Körner in dem Peeling erledigen das von selbst.

Deine Pickel sehen für dich immer größer, roter und ekliger aus als für andere. Wenn du ihretwegen nur herumjammerst (»Ich hasse meine Haut!« oder: »Ich seh aus wie eine Pizza!«), wirst du die anderen erst recht darauf aufmerksam machen. Denk dran: Dieser kleine rote Pickel kann nicht reden, also sagt er auch nichts über deine Persönlichkeit aus!

Du sprichst die ganze Zeit nur von einem oder zwei Pickeln. Aber mein Gesicht sieht aus wie ein Streuselkuchen. Es tut sogar weh. Was kann ich dagegen tun?

Dann leidest du wohl unter Akne. Das ist eine Hautkrankheit (die allerdings nicht ansteckend ist). Die Ursache ist ein wenig kompliziert, aber es hat etwas mit den Hormonen zu tun, die in den Teenagerjahren produziert werden und die deine Haut anregen, mehr Talg zu produzieren. Bei manchen bleibt dieser Talg aus unerklärlichen Gründen in den Drüsen stecken und verstopft sie. Die Folge davon sind Hautzysten, Mitesser und Pickel im gesamten Gesichtsbereich. Oft bleiben nach einer Heilung Narben zurück. Wenn du mit Akne zu tun hast, musst du dich an einen Hautarzt wenden. Du solltest die Schmerzen nicht aushalten müssen. Ich weiß, dass es schwer ist, sich mit einer kranken Haut schön zu fühlen – auch wenn man weiß, dass man innerlich schön ist. Aber ein Hautarzt wird dir Tipps geben können, wie du deine Haut am besten behandeln kannst. Er wird dir wahrscheinlich Salben und Tabletten verschreiben, damit dein Hautbild sich verbessert. Du wirst dich nach einer Behandlung viel besser fühlen! (Falls deine Mutter der Meinung ist, dass deine Akneprobleme sich von selbst lösen, wenn du älter wirst, dann zeig ihr bitte dieses Buch.)

Falls du ein dunkler Hauttyp bist, ist deine Haut ziemlich anfällig für Narben. Drück deine Pickel auf keinen Fall aus!

TESTE DICH!

Nicht nur du bist einzigartig, sondern auch deine Haut. Trotzdem gehörst du zu einem bestimmten Hauttyp. Wenn du den herausgefunden hast, kannst du deiner Haut die individuelle Pflege geben, die sie braucht. Wenn du nach diesem Test einkaufen gehst, achte darauf, was auf den Etiketten der Gesichtspflegemittel steht. Welcher Hauttyp bist du also?

Auf den nächsten beiden Seiten findest du ein Diagramm, das dir helfen soll, deinen Hauttyp zu bestimmen.

Nimm dir ein sauberes Papiertaschentuch und zerreiß es in vier Teile. Bevor du dir morgens das Gesicht wäschst, drück dir jeweils eins der vier Teile auf die Stirn, die Wange, seitlich an die Nase und auf dein Kinn. Lass es dort ungefähr eine Minute lang haften.

Falls deine Haut nach der Benutzung von Hautpflegeprodukten zu roten Flecken neigt, die wie Ausschlag aussehen, hast du wahrscheinlich eine empfindliche Haut. Dann solltest du nur Produkte verwenden, die entsprechend gekennzeichnet sind (»für sensible Haut«, »sensitive skin« oder »hypoallergen«). Oder du achtest einfach darauf, dass das Produkt kein Parfüm enthält.

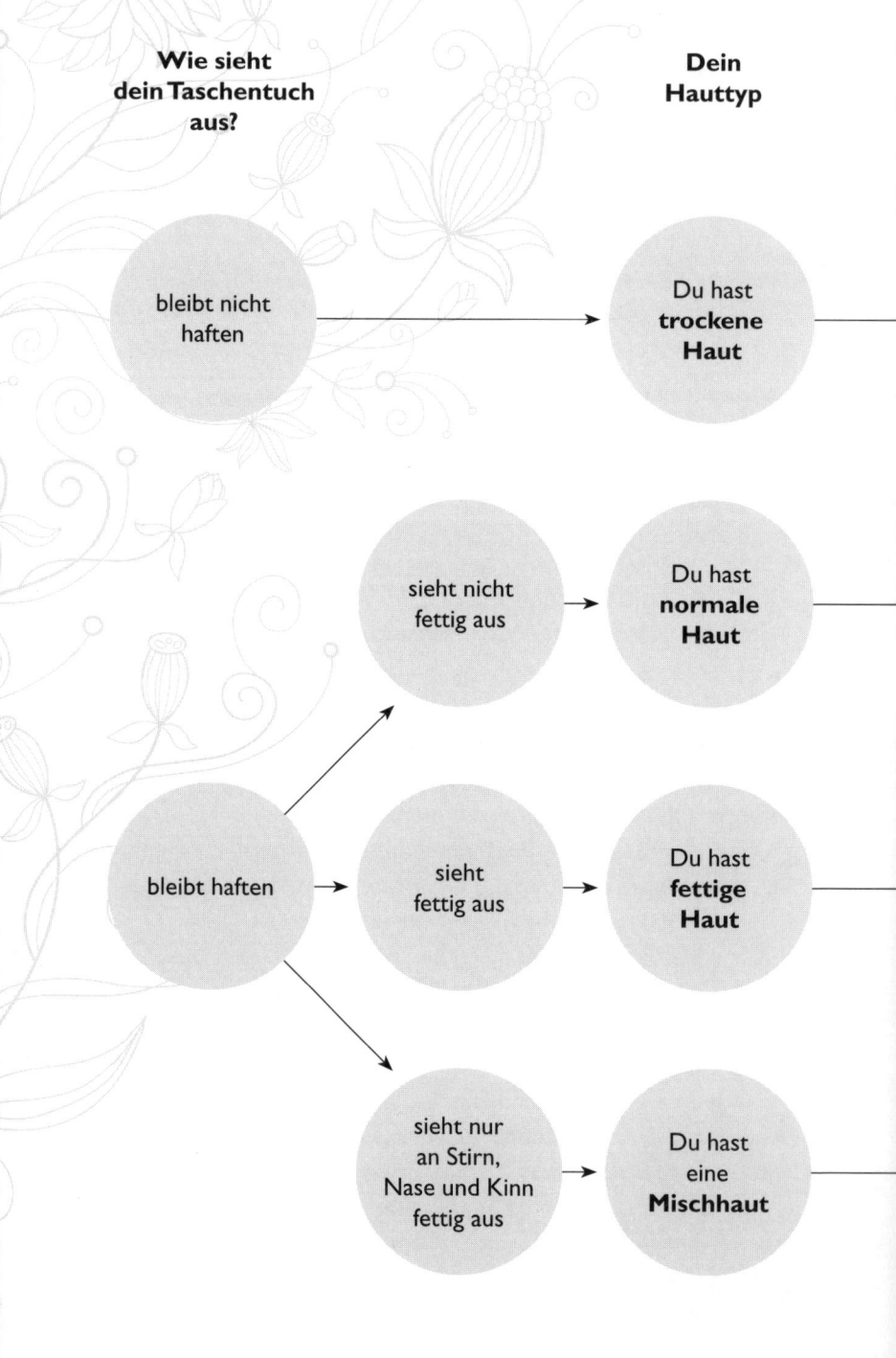

Wie sieht dein Taschentuch aus?

Dein Hauttyp

bleibt nicht haften → Du hast **trockene Haut**

bleibt haften →

sieht nicht fettig aus → Du hast **normale Haut**

sieht fettig aus → Du hast **fettige Haut**

sieht nur an Stirn, Nase und Kinn fettig aus → Du hast eine **Mischhaut**

Welches Reinigungs- mittel?	Mit oder ohne Alkohol?	Welche Feuchtigkeits- creme?
Mittel für trockene Haut	Verwende Produkte ohne Alkohol	leicht fetthaltig
auf Wasserbasis	Verwende Produkte ohne Alkohol	fettfrei
fettfrei	Du kannst Produkte mit Alkohol verwenden	fettfrei, mattierend
fettfrei (hauptsächlich für Stirn, Nase und Kinn)	Du kannst Produkte mit Alkohol verwenden	mattierend

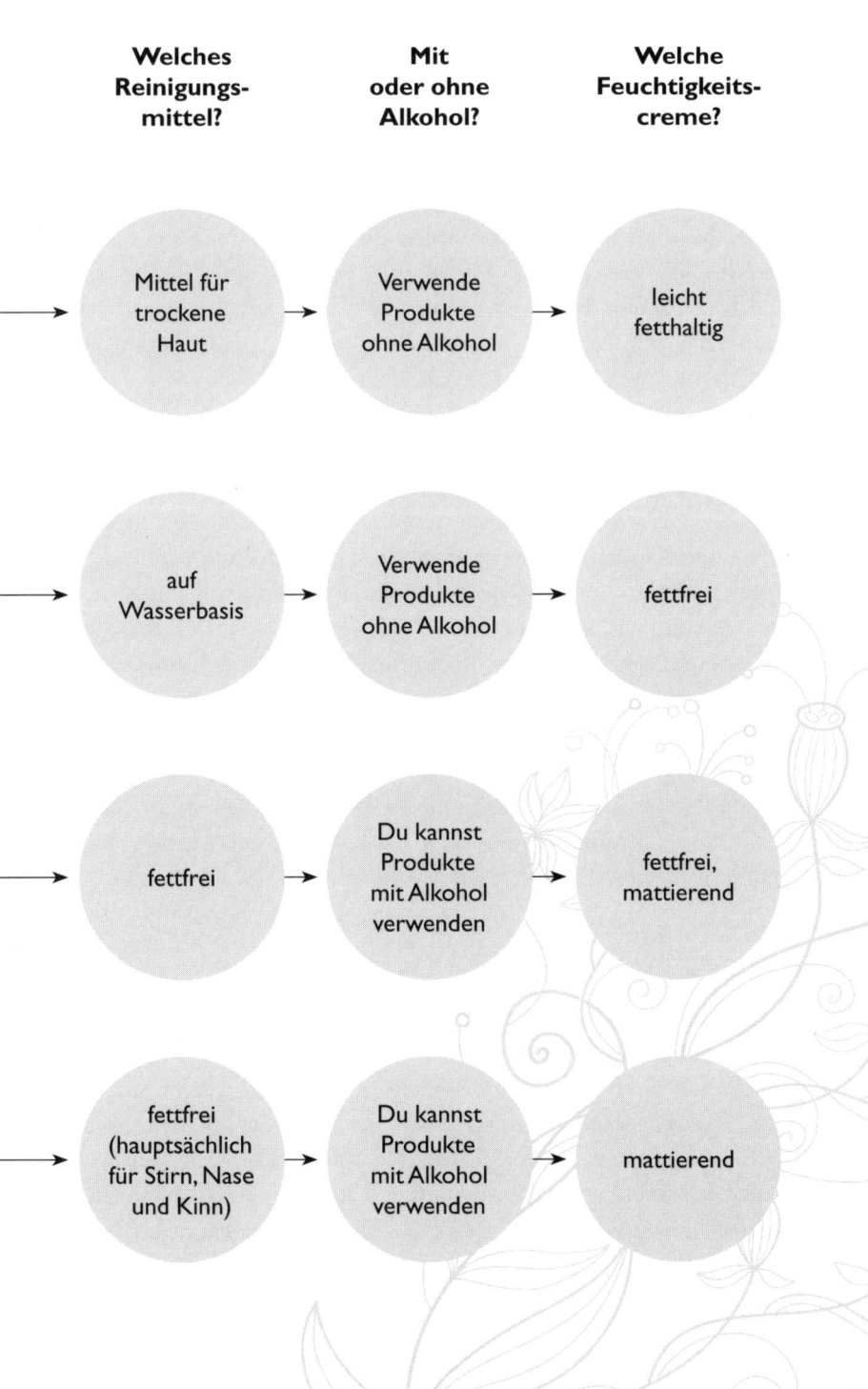

INFO-ECKE

Und wie sieht's mit Make-up aus? Es kann sein, dass du dir darüber noch nie Gedanken gemacht hast. Oder aber du liegst deiner Mutter pausenlos in den Ohren, weil alle in deiner Klasse geschminkt sind, außer dir. Vielleicht befindest du dich aber auch irgendwo dazwischen. Egal, was du von Rouge, Lipgloss und Lidschatten hältst, die folgenden Infos werden dir helfen, zum jetzigen Zeitpunkt deines Lebens das Beste aus dir zu machen, damit deine ganze Schönheit zur Geltung kommt.

Der richtige Zeitpunkt

Manche Mädchen bleiben schon mit acht Jahren bei den Lippenstiften im Kaufhaus stehen, während andere im Teenageralter noch immer nichts damit anfangen können. Falls du noch jünger als zwölf Jahre bist, ist deine Haut noch so zart, dass du lieber auf Make-up verzichten solltest. (Natürlich kannst du dich zum Spaß auch mal schminken. Dazu aber später mehr.) Ab einem Alter von zwölf Jahren kannst du ja mal vorsichtig mit deinen Eltern darüber sprechen, wenn du es gar nicht mehr abwarten kannst, dich zu schminken. Hier haben deine Eltern das letzte Wort. (Also keine heimlichen Schminkaktionen im Badezimmer, falls sie der Meinung sind, dass du damit noch warten solltest!)

Gründe dagegen

Das Make-up kann dich älter aussehen lassen, als du in Wirklichkeit bist. Du fühlst dich dadurch vielleicht erwachsener. Aber wenn du noch nicht älter und auch noch nicht erwachsen *bist*, dann machst du dir und den anderen damit etwas vor. Deine Schönheit kommt aber am besten zur Geltung, wenn du natürlich bleibst. (Allerdings wird es nicht gut aussehen, wenn du mit einem mürrischen Gesicht herumläufst, weil dein Vater dir das Schminken verboten hat.)

Falls du dich doch schminken willst – auch wenn es nur zum Spaß ist –, musst du das Make-up unbedingt entfernen, bevor du ins Bett gehst. Wenn nicht, kann das über Nacht zu verstopften Poren führen. Das wäre ziemlich übel!

Die richtige Menge

Auch wenn deine Eltern einverstanden sind, dass du dich ein wenig schminkst, solltest du darauf achten, dass das Make-up deinem Alter angemessen ist. Du solltest dich nicht hinter dem Make-up »verstecken«. Statt Lippenstift benutzt du am besten nur Lipgloss, um die natürliche Farbe deiner Lippen zu betonen. Dezente Wimperntusche für die Augen und Rouge-Farbe, die zu deiner Haut passt, vervollständigen deinen natürlichen Look (der richtige Farbton beim Rouge ist der, den deine Wangen bekommen, wenn du Sport treibst). Mit Make-up solltest du dein Aussehen nur unterstreichen, nicht überdecken.

Schminken – wie geht das überhaupt?

Bevor du das erste Mal geschminkt das Haus verlässt, lass dir von jemandem zeigen, wie es geht. Achte aber darauf, dass diese Person nicht selbst so aussieht, als würde sie ihr Make-up mit dem Spachtel auftragen (oder ohne Spiegel!).

Wann soll ich mich schminken?

Wenn du willst, kannst du damit anfangen, dir erst einmal nur zu besonderen Anlässen Lipgloss aufzutragen – danach vielleicht immer am Wochenende, wenn du mit deinen Freunden zusammen bist. Ob du noch mehr und noch häufiger Make-up benutzt, hängt von eventuellen Vorschriften an deiner Schule und der Einstellung deiner Eltern ab, und natürlich davon, wie viel Zeit du vor dem Spiegel verbringen willst.

Und wenn ich mich nicht schminken darf?

Du willst dich unbedingt schminken, aber deine Eltern sind dagegen? Da gibt es ein paar Tricks, mit denen du dich vielleicht besser fühlst. Besorg dir einen Lippenpflegestift, denn der ist nicht nur gut für deine Lippen, sondern er fühlt sich auch so an wie richtiger Lippenstift. Mit etwas Vaseline auf deinen Wimpern wirken diese dunkler und länger (pass aber auf, dass du es nicht in die Augen bekommst). Bis du selbst eine ganze Kollektion an Lidschatten, Rouge und anderen tollen Sachen in deiner Kosmetiktasche hast, kümmere dich gut um deine Haut, sei so natürlich wie möglich, und denk dran, dass du auch so schön bist. Schminken macht zwar Spaß und du kannst dich darauf freuen. Aber es sollte auch kein Weltuntergang für dich sein, wenn es jetzt noch nicht so weit ist.

Jetzt kann's losgehen!

Bist du bereit für ein paar richtig coole Hautpflegetipps? Schönsein sollte jedenfalls immer Spaß machen! Der eine oder andere Tipp wird dich sicher begeistern und du wirst dich hinterher so schön fühlen wie noch nie.

Wellness-Abend

Frag deine Mutter, ob sie mitmacht (oder eine andere gute Bekannte, die du magst, falls deine Mutter nicht kann oder will). Noch lustiger könnte es werden, wenn du auch noch deine Freundin und ihre Mutter dazu einlädst. Bereite alles Material vor, das du brauchst (siehe unten). Such dir einen Ort, an dem euch keiner stören kann – keine nervigen kleinen Geschwister und kein neugieriger Vater. Das Schlafzimmer deiner Mutter oder das Badezimmer wären ideal, aber in der Küche geht es auch. Wenn du willst, kannst du den Raum noch mit Kerzen, Blumen und schönen Handtüchern schmücken und im Hintergrund deine Lieblingsmusik laufen lassen.

Verwöhnt euch von Kopf bis Fuß! Du findest hier ein paar Vorschläge, aber natürlich kannst du auch eigene Ideen mit einbringen.

• Haare: Gönn deinen Haaren eine intensive Pflegekur, die du nach dem Waschen ins Haar einmassierst. Wickel sie danach in eine Plastiktüte oder Frischhaltefolie und anschließend in ein Handtuch ein. Du kannst dir die Haarkur auch selbst zubereiten, wie zum Beispiel nach dem Rezept im nächsten Kapitel, das du unter der Überschrift »Jetzt kann's losgehen!« findest.

• Gesicht: Hier ist ein tolles Rezept für eine Gesichtsmaske: Zutaten: 1 Tasse rohe Haferflocken, ½ Tasse Naturjoghurt, 2 Teelöffel Honig. Anwendung: Gib alle Zutaten in einen Mixer und püriere sie. Streich dir die Mischung gleichmäßig ins Gesicht und lass das Ganze fünf Minuten trocknen. Wasch dir die Paste mit lauwarmem Wasser wieder ab und tupfe die Haut mit einem sauberen Handtuch trocken. Was übrig geblieben ist, kannst du in einen luftdichten Behälter geben und bis zu zwei Wochen im Kühlschrank aufbewahren. Diese Maske kannst du einmal am Tag anwenden (nicht öfter). Einmal pro Woche wäre optimal.

• Hände und Füße: Weiche deine Hände in einer Schüssel mit lauwarmem Seifenwasser ein und deine Füße ebenfalls. Du brauchst dafür eine Schüssel, die groß genug ist für deine Hände, und eine, in die deine Füße hineinpassen; außerdem warmes Wasser und eine milde Flüssigseife (am besten aus natürlichen Zutaten). Die Wartezeit könnt ihr für ein ausgiebiges Gespräch nutzen oder einfach nur zum Musikhören. Nachdem du dir die Haare ausgespült und sie gestylt hast, nimm dir die Finger- und Fußnägel vor und bearbeite sie sorgfältig mit einer Nagelfeile. Wenn du willst, kannst du sie danach noch lackieren. Fertig!

- Jetzt könnt ihr noch gemütlich bei ein paar Snacks zusammensitzen.
- Vergesst nicht, ein paar Fotos von eurem Wellness-Tag zu machen!

Veranstalte eine Schminkparty

- Lade dazu deine beste Freundin oder mehrere Freundinnen ein. Wenn du noch keine beste Freundin hast, ist das eine gute Gelegenheit, Mädchen einzuladen, die du schon immer mal kennenlernen wolltest.
- Bitte die anderen, zu deiner Party nur solche Schminkutensilien mitzubringen, die man mit dem Finger oder mit Wattestäbchen auftragen kann. Verwendet keine Lidschattenapplikatoren, Mascara-Bürsten und Eyeliner, die schon benutzt worden sind. Darauf können sich Bakterien befinden, die du bestimmt nicht bei dir im Gesicht haben willst. Lippenstifte sind eine Ausnahme, weil sie mit einem Tuch abgewischt werden können. Wenn möglich, können deine Freundinnen noch einen Handspiegel, vielleicht sogar einen Ganzkörperspiegel mitbringen.
- Sorge für ausreichend Papiertaschentücher, Waschlappen, Wattestäbchen, Handtücher, Spiegel für die, die keinen mitgebracht haben, Haarbänder (um die Haare aus dem Gesicht zu bekommen) und Zeitschriften mit Abbildungen von Mädchen, die ein cooles Make-up tragen.
- Such dir einen Ort, wo ihr genügend Platz habt und ungestört Spaß haben könnt. Er muss leicht zu reinigen sein, falls ihr versehentlich etwas verschüttet oder verschmiert.
- Lasst beim Schminken eurer Fantasie freien Lauf. Probiert ver-

schiedene Looks aus. Experimentiert mit verschiedenen Techniken. Lacht zusammen und versichert euch gegenseitig, wie fantastisch ihr ausseht. Macht jede Menge Fotos!

- Wenn ihr euch zum Schluss das Gesicht gewaschen und alle Make-up-Spuren beseitigt habt, könnt ihr es euch noch mit ein paar gesunden Snacks (und vielleicht eurem Lieblingsfilm) gemütlich machen.

MEINE NOTIZEN

Das habe ich beim »Taschentuchtest« über meine Haut gelernt:

....

....

....

....

....

....

....

....

....

....

....

....

....

....

Kapitel 3:

Coole Tipps fürs Haarstyling

Betty starrte entsetzt das Gesicht an, das sie durch das Fenster des Briefumschlags angrinste. Das war bis jetzt ihr schrecklichstes Schulfoto!

»Zeig mal deins!«, sagte Tim.

Betty schob den Umschlag schnell in ihr Heft und antwortete: »Auf keinen Fall! Ich seh total bescheuert aus.« Inzwischen hatten sich auch die anderen Freundinnen um Betty versammelt.

»Komm schon, Betty«, drängte Anna. »Schlimmer wie meins kann's nicht sein.«

»Oh doch!«, widersprach Betty.

Anna verdrehte die Augen und zog Bettys Umschlag heraus. Nachdem sie das Bild eine Weile betrachtet hatte, wandte sie sich ernüchtert an Tim und sagte: »Sie hat recht. Es sieht WIRKLICH schlimm aus.«

Mia schielte über Annas Schulter auf das Bild. »Das liegt nur an deinen Haaren. Irgendwie sahen die an dem Tag komisch aus.«

Tim nickte. »So siehst du normalerweise nicht aus, Bets. Ehrlich.«

Betty schnappte sich den Umschlag und wartete, bis ihre Freundinnen außer Sichtweite waren. Dann warf sie noch einmal einen verstohlenen Blick auf ihr Foto.

»Ich bin herrlich und ausgezeichnet gemacht«, sagte sie zu ihrem Bild. »Aber ich sehe aus wie ein Eichhörnchen!«

INFO-ECKE

Betty hat wohl noch einen langen Weg vor sich, bis sie erkennen kann, dass jedes Merkmal an ihr auf seine ganz besondere Weise einmalig ist – auch ihre Haare! Bist du überzeugt davon, dass jedes Mädchen seinen ganz persönlichen Haarstil hat, der zu ihm passt? Hier sind ein paar grundlegende Tipps, wie du deinen Stil herausfinden kannst.

Tipps und Tricks rund um die Haarpflege

Haare sehen am besten aus, wenn sie sauber und gewaschen sind. Sobald sie auch nur ein bisschen strähnig aussehen, solltest du sie waschen. Warte nicht, bis sie dir völlig verfilzt am Kopf kleben. Eine regelmäßige Haarwäsche ist besonders dann wichtig, wenn du merkst, dass deine Haare in letzter Zeit viel fettiger sind als sonst. Das ist völlig normal in deinem Alter.

Beim Waschen solltest du zunächst auf das richtige Shampoo achten.

- Für trockenes Haar (besonders, wenn es kraus oder lockig ist) eignet sich ein feuchtigkeitsspendendes Shampoo; bei täglicher Haarwäsche auch ein Babyshampoo.
- Fettige Haare erkennst du daran, dass sie nach einem Tag ohne Waschen ölig aussehen. In diesem Fall nimmst du am besten ein klärendes Shampoo, das die Talgproduktion auf der Kopfhaut reduziert.
- Bei normalem Haar (weiches, glattes Haar, das nicht fettet) kannst du ganz einfach ein Shampoo für normales Haar verwenden.

Gegen eine tägliche Haarwäsche ist überhaupt nichts einzuwenden, besonders, wenn die Haare fettig sind oder wenn du viel Sport treibst. Allerdings sind die meisten Haarwaschmittel für den täglichen Gebrauch viel zu intensiv. Nimm deshalb eine leere Shampooflasche und füll sie zur Hälfte mit deinem Shampoo. Den Rest füllst du mit warmem Wasser auf. Und schon hast du ein viel milderes Shampoo.

Beim Haarewaschen geht es hauptsächlich um eine saubere und gesunde Kopfhaut. Nimm eine etwa walnussgroße Menge Shampoo und verteile sie auf deiner nassen Kopfhaut. Aber kratz nicht mit den Fingernägeln darauf herum. Besser ist es, wenn du sie sanft mit deinen Fingerspitzen massierst. Selbst wenn du kein Haarwaschfan bist, kann die Sache trotzdem Spaß machen. Erinnerst du dich noch daran, wie du als kleines Kind in der Badewanne gesessen und dir mit Schaum die Haare nach oben gestylt hast? Wer sagt, dass du das heute nicht mehr darfst?

Alles, was über den Haaransatz hinausgeht, brauchst du nicht extra einzuschäumen, denn wenn du mit klarem Wasser den Schaum von deiner Kopfhaut spülst, verteilt sich das Shampoo automatisch überall im Haar. Auch die Haarspitzen brauchst du nicht noch einmal nachzuschäumen, es sei denn, du benutzt besonders viele Stylingprodukte wie Schaumfestiger, Gel oder Haarspray.

Spül die Haare ungefähr zwei oder drei Minuten lang aus. Das ist wichtig, denn Seifenrückstände lassen sie nach dem Trocknen glanzlos aussehen. Auch wenn du die ganze Prozedur lieber schnell über die Bühne bringen würdest, weil du es nicht abwarten kannst, mit deiner Freundin zu telefonieren – versuche, diese Zeit besonders zu genießen. Du tust dir selbst etwas Gutes damit!

Eine Haarspülung brauchst du normalerweise nicht, es sei denn, deine Haare sind nach dem Waschen immer sehr verknotet, oder du benutzt oft Haargel. Eine haselnussgroße Menge genügt vollkommen. Verteil sie sanft an den knotigen Stellen, nicht auf der Kopfhaut! Zu viel Spülung belastet die Haare. Sie werden dann schwer und sehen stumpf und glanzlos aus.

Nasse Haare kämmst du am besten mit einem Kamm aus. Mit einer Bürste können sie leichter abbrechen. Für verknotete Haare ist ein Kamm mit breiten Zinken gut geeignet. Kämm dich langsam und geh dabei sanft vor. Schönheitspflege sollte niemals wehtun!

Kämm dir jeden Abend die Haare, bevor du ins Bett gehst (sie sollten dann natürlich nicht nass sein). Dadurch werden die natürlichen Öle, die deine Kopfhaut produziert, gleichmäßig in den Haaren verteilt, und sie werden stark und glänzend. Wenn du eher zu trockenen Haaren neigst (was oft bei lockigem oder krausem Haar der Fall ist), wird durch das Bürsten die Kopfhaut angeregt, mehr Öle zu produzieren. Selbst bei normalem Haar tut das Kämmen deiner Kopfhaut gut. Zum Ausklang des Tages kannst du daraus ein beruhigendes Ritual machen, während du dir gleichzeitig noch einmal die Ereignisse des Tages durch den Kopf gehen lässt oder dir Musik anhörst – je nachdem, was du vor dem Schlafen am liebsten machst.

Auch während des Tages solltest du die Haare immer wieder kämmen, wenn sie durcheinandergeraten sind, zum Beispiel nach dem Handballtraining oder nach einer Mathearbeit, wenn du dir unbewusst die Haarsträhnen um die Finger gewickelt hast, weil du dich dann besser konzentrieren kannst. Am besten steckst du dir eine kleine Nylonbürste mit in den Rucksack.

Ungefähr alle sechs Wochen solltest du dir die Haarspitzen schneiden lassen. Mit den Haaren ist es anders als mit der Haut, die sich ständig selbst erneuert. Wenn Haare nicht regelmäßig geschnitten werden, entsteht Haarspliss, und das sieht nicht schön aus. Besonders lange Haare sehen viel gesünder und besser aus, wenn du die Spitzen immer wieder schneiden lässt. Aber auch kurze Haare wirken durch einen regelmäßigen Haarschnitt pfiffiger und gepflegter. Haare, die von Spliss betroffen sind, sind kaputt und können nicht mehr wachsen. Wenn deine Haare gesund und sauber sind, wirst du dich damit gut fühlen. Du weißt ja, auch sie sind ein Geschenk, das Gott dir gegeben hat, damit du dich gut darum kümmerst. Wenn du dich gut fühlst, siehst du auch gut aus!

Haare können sehr schnell brüchig werden, denn sie bestehen aus verhornten, also toten Zellen, die sich in der Kopfhaut nach oben schieben und zu sogenannten Spindeln werden. Diese bilden dann lange Fasern, die sich untereinander verdrehen, zu einem Haar werden und aus deiner Kopfhaut (und deinen Armen, Beinen, Achseln usw.) austreten. Natürlich macht es viel Spaß, die Haare zu stylen, sie mit Haarmascara zu behandeln oder tolle Flechtfrisuren auszuprobieren. Vergiss dabei aber nie, dass du sanft mit ihnen umgehen solltest. Akzeptiere deine Haare so, wie sie sind, anstatt sie zu zwingen, etwas zu sein, was sie gar nicht sind. Am schönsten sehen sie aus, wenn du sie gut behandelst.

Und noch ein paar Styling-Tipps

Eigentlich waren das schon die wichtigsten Tipps zur Pflege deiner Haare. Aber was ist, wenn du mehr mit ihnen anstellen willst, als sie einfach nur zu waschen und regelmäßig schneiden zu lassen? Wichtig ist, dass du erst einmal herausfindest, welche Frisur zu deinem Gesicht passt.

Wenn du einfach nur so aussehen willst wie deine Freundinnen, die jeden Tag einen Pferdeschwanz tragen, nur zu. Das ist völlig in Ordnung. Willst du aber gerne mal herumexperimentieren und herausfinden, was dir so richtig gut steht, dann geh folgendermaßen vor:

• Stell dich noch einmal vor den Spiegel (mit dem du dich hoffentlich allmählich anfreundest).
• Jetzt bürste deine Haare straff zurück, damit du deine Gesichtskonturen genau erkennen kannst.
• Nimm dir ein Blatt Papier und zeichne auf, welche Form du siehst.

Es gibt verschiedene Gesichtsformen:

- rund,
- oval,
- eckig,
- lang und schmal,
- dreieckig oder
- herzförmig.

Egal, welche Gesichtsform du hast, du solltest dich mit ihr anfreunden, denn sie ist dein ganz persönliches Merkmal! Hier sind ein paar Ideen, welche Frisuren zu deiner Gesichtsform passen könnten:

Rundes Gesicht: Lange und glatte Haare stehen dir gut. Auch eine Frisur, die oben und an den Seiten etwas Volumen hat, oder die klassische Bananenfrisur (bei der du, wenn du willst, seitlich ein paar Haarsträhnen heraushängen lassen kannst, die deine Ohren etwas bedecken) sehen bei dieser Gesichtsform gut aus. Eine Kurzhaarfrisur oder Locken würden dein rundes Gesicht noch betonen. Das ist natürlich deine persönliche Entscheidung.

Ovales Gesicht: Dir steht wirklich alles! Du kannst eigentlich jede Frisur tragen. Ist das nicht cool?

Eckiges Gesicht: Charakteristisch dafür sind ein eckiger Kiefer und ein gerader Haaransatz. Mit der richtigen Frisur sieht dein Gesicht richtig edel aus. Achte einfach darauf, dass deine Haarlänge entweder oberhalb oder unterhalb des Kinns endet. Gerade Schnittlinien auf Kinnlänge oder scharfe Winkel an der seitlichen Stirnpartie sehen nicht so gut aus.

Langes, schmales Gesicht: Du kannst deinem Gesicht sehr viel Ausdruck verleihen, wenn du auf aufgetürmte Frisuren und lange, glatte Frisuren verzichtest. Mit einem auffallenden Ohrschmuck, einem stufigen Schnitt oder viel Volumen in den Seitenpartien kannst du dein Gesicht so richtig in Szene setzen.

Dreieckiges Gesicht: Mit dieser eindrucksvollen Gesichtsform kannst du viele Ponyfrisuren ausprobieren (zum Beispiel ein seitlich versetzter Pony). Glattes, weiches Haar an der Kinnpartie gibt dir ein spektakuläres Aussehen!

Herzförmiges Gesicht: Diese Gesichtsform ist sehr romantisch! Lockige, kinnlange Frisuren sind ideal für dich. Vermeiden solltest du aufgetürmte Frisuren.

Eine andere Sache, über die du dir Gedanken machen solltest, wenn du so richtig auf Haarstyling stehst, ist deine Haartextur. Check vor dem Spiegel mal: Ist dein Haar …

○ … glatt und fein? – Auch wenn du den ganzen Tag mit Heizwicklern (elektrisch aufheizbare Lockenwickler) durch die Gegend läufst, sind die Haare spätestens eine Stunde, nachdem du sie herausgenommen hast, wieder glatt.

○ … lockig, vielleicht sogar kraus? – Diesen Haartyp musst du nicht erst herausfinden. Du weißt, dass du ihn hast!

○ … dick und kräftig? – Es dauert eine Ewigkeit, bis sie nach dem Waschen trocken sind, und wenn du sie dabei sich selbst überlässt, werden sie total buschig.

○ … dicht und fein? – Du hast ziemlich viele Haare, aber sie sind so fein und weich, dass sie immer eng an der Kopfhaut liegen.

Mach dir nicht die Mühe, deine Haartextur zu ändern, denn das wird dir sowieso nicht gelingen. Warum auch? Du willst doch deinen persönlichen Stil herausfinden, der dir am besten steht, oder? Hier ein paar Tipps für deine individuelle Trendfrisur:

Glattes und feines Haar: Versuch es mal mit einer Bob-Frisur oder trag dein Haar lang und auf dieselbe Länge geschnitten.

Lockiges oder krauses Haar: Ein Stufenschnitt steht dir besser, als wenn die Haare alle gleich lang sind.

Dickes und kräftiges Haar: Eine stufige Frisur mit mittlerer Länge oder auch lang ist optimal für dich. Ab und zu kann dein Friseur dir die Haare auch mit einer speziellen Schere »ausdünnen«.

Dichtes und feines Haar: Wenn deine Haare auf die gleiche Länge und um das Gesicht herum ein paar Stufen geschnitten werden, wirst du damit toll aussehen. Dir stehen sehr lange oder auch sehr kurze Haare.

Wenn du dir jeden Tag die Haare föhnst (oder sogar einen Lockenstab, Heizwickler oder ein Glätteisen benutzt), solltest du die Haare unbedingt vorher im Handtuch vortrocknen. Das schont die Haare, weil sie dadurch nicht so lange der Hitze ausgesetzt sind. Andernfalls können sie schnell spröde und brüchig werden.

Weitere Tipps für Härtefälle

Locken sind eigentlich ziemlich unkompliziert zu pflegen. Aber wenn du doch einmal deine Haare bändigen musst, helfen dir vielleicht die folgenden Tipps:

Hast du wuschelige Naturlocken?
• Verreibe ein wenig Gel zwischen den Fingern und streiche dann damit durch dein gewaschenes, noch nasses Haar. Kämm dir dann die Haare so, wie du sie haben willst. Lass sie anschließend an der Luft trocknen.
• Falls du doch lieber den Föhn benutzen willst, verwende auf jeden Fall einen Diffuser. Das ist ein spezieller Aufsatz, den du auf den Föhn steckst. Nachdem die Haare trocken sind, solltest du nicht mehr mit den Händen hindurchfahren. Denn dadurch werden sie nur wieder wuschelig.
• Geh nicht mit feuchten Haaren raus, wenn es draußen regnerisch ist.

Hast du extrem dünne Haare?
• Benutze ein Volumenshampoo. Die Inhaltsstoffe legen sich wie ein Film um dein Haar und lassen es so dicker aussehen.
• Verwende möglichst keine Spülung, es sei denn, deine Haare sind nach dem Waschen total verknotet. Wenn es also unbedingt sein muss, nimm nur so wenig Spülung wie möglich.
• Föhn dir die Haare über Kopf (nach vorne gebeugt, mit dem Kopf nach unten, sodass die Haare nach unten hängen), und zwar so lange, bis sie fast trocken sind. Stell dich dann wieder gerade hin und fang mit dem Styling an.

Bist du unzufrieden mit deiner Haarfarbe?
• Stellst du dir manchmal vor oder wünschst dir sogar, du hättest eine andere Haarfarbe? Glaub mir, es ist besser, wenn du es zunächst einmal bei deiner natürlichen Haarfarbe belässt. Wenn du erst mit dem Färben oder Tönen begonnen hast, musst du

deine Haare immer wieder nachfärben, weil deine natürliche Haarfarbe am Ansatz immer wieder nachwächst. Es gibt noch so viele andere Dinge, die du ausprobieren kannst und die dir bestimmt viel Spaß machen.

- Deine Haarfarbe kann sich im Laufe der Zeit noch verändern. Die meisten Blondtöne werden zum Beispiel dunkler, wenn man älter wird. Warte einfach noch ein wenig ab, wie sich deine Haarfarbe entwickelt.
- In deinem Alter sind die Haare noch ziemlich empfindlich. Deshalb solltest du ans Haarefärben keinen Gedanken verschwenden, bevor du nicht mindestens 18 bist. Und selbst dann darfst du nicht vergessen, dass es sehr schwer ist, künstlich gefärbtes Haar gesund zu halten, es sei denn, du lässt es professionell machen. Und das geht richtig ins Geld!

FRAG DOCH MAL GOTT!

Du glaubst, Gott ist zu beschäftigt, um sich über deine Haare Gedanken zu machen? Das Gegenteil ist der Fall! Interessant ist, dass es in der Bibel einige Stellen gibt, in denen Haare eine wichtige Rolle spielen.

An einer Stelle im Alten Testament steht: »Ihr sollt euer Haar an den Schläfen nicht abschneiden und euren Bart nicht stutzen« (3. Mose 19,27). Das war eine Anweisung, die Gott Mose für das Volk Israel gegeben hat. Auch heute noch halten sich einige orthodoxe Juden an diese Regel, als Zeichen des absoluten Gehorsams gegenüber Gott. Man erkennt sie an ihrem langen Bart und den Schläfenlocken.

In 4. Mose 6 ordnet Gott unter anderem an, was ein Mann oder eine Frau tun oder lassen soll, wenn sie vor ihm ein Gelübde ablegen (das bedeutet, wenn sie sich auf besondere Weise Gott weihen wollen). Während dieser Zeit dürfen sie sich beispielsweise nicht die Haare schneiden (Vers 5). Jemand, der sich Gott geweiht hatte, konnte man also sofort an seinen langen Haaren erkennen.

Im Neuen Testament (Lukas 7,44) wird uns von einer Frau berichtet, die Jesus mit ihren Tränen die Füße gewaschen und sie anschließend mit ihren Haaren getrocknet hat. Danach hat sie ihm die Füße geküsst und diese mit einem Parfümöl eingerieben.

Eine der bekanntesten Personen der Bibel mit langen Haaren war Simson. Schon vor seiner Geburt war seiner Mutter ein Engel erschienen, der ihr auftrug, ihm niemals die Haare zu schneiden, weil er von Geburt an Gott geweiht sein sollte (Richter 13,5). Solange Simson also Gott geweiht war – und als Zeichen dafür seine Haare wachsen ließ –, hatte er die Macht, das Volk Israel im Kampf gegen die Feinde (nämlich die Philister) erfolgreich anzuführen. Du kannst die Geschichte, in der es übrigens manchmal ziemlich brutal zugeht, in Richter 13-16 nachlesen.

Jesus war beeindruckt davon, wie sehr diese Frau ihn liebte. Man muss einen Menschen schon extrem lieb haben, wenn man sogar bereit ist, ihm die nassen Füße mit den eigenen Haaren zu trocknen!

Und dann gibt es noch eine tolle Stelle zum Thema Haare. In Matthäus 10,30 sagt Jesus:»Selbst die Haare auf eurem Kopf sind alle gezählt.« So viel bist du Gott wert! Auch wenn du vielleicht für deinen Glauben an Jesus von anderen verachtet wirst, verspricht er dir in Lukas 21,18:»Aber nicht ein einziges Haar auf eurem Kopf soll verloren gehen!« Glaubst du immer noch, dass Gott sich nicht um deine Haare kümmert – oder um irgendein anderes Detail an dir?

Ja, Gott ist unser Körper samt unseren Haaren sehr wichtig. Andererseits werden wir auch aufgefordert, uns nicht so sehr mit unserer Schönheit und unserer Frisur zu beschäftigen, dass wir darüber unsere innere Schönheit ganz vergessen. Das kannst du in 1. Petrus 3,4 nachlesen. Dort schreibt Petrus: »Eure Schönheit soll von innen kommen – das ist die unvergängliche Schönheit eines freundlichen und stillen Herzens, das Gott so sehr schätzt.«

Kümmere dich also gut um die Haare, die Gott dir gegeben hat. Er weiß sogar, wie viele du davon hast. Freu dich über sie, und achte darauf, dass deine äußere Schönheit mit deinem Verhalten übereinstimmt. Denn die andern sehen nicht nur dein Äußeres. Gib dich nicht damit zufrieden, dass du »das Mädchen mit den langen braunen Haaren« bist, sondern sei »das freundliche (oder nette, lustige, sympathische) Mädchen mit den langen braunen Haaren«.

JETZT KANN'S LOSGEHEN!

Hast du Lust auf ein tolles Experiment? Das folgende Rezept für eine Haarkur kannst du mit deinen Freundinnen, Geschwistern oder, besser noch, zusammen mit deiner Mutter ausprobieren. Natürlich geht es auch allein. Aber dann solltest du dir erst die Einwilligung eines Erwachsenen holen. Diese Haarspülung ist absolut spitze. Zuerst fühlt sie sich etwas seltsam an, aber deine Haare werden hinterher ganz toll glänzen.

Hier kommt die Anleitung:

- Gib einen Teelöffel Olivenöl (oder irgendein anderes pflanzliches Öl) in eine mikrowellengeeignete Schale. Wärme es fünf Sekunden in der Mikrowelle auf.
- Füge das Eigelb von einem Ei dazu (nicht das ganze Ei). Lass dir gegebenenfalls von deiner Mutter zeigen, wie du das Ei trennst.

- Schlage die Masse so lange mit einem Schneebesen oder einer Gabel, bis sie gut vermischt ist.
- Jetzt massierst du die Masse in deine Haare ein. Wie gesagt, das fühlt sich komisch an, aber du wirst sehen, es lohnt sich!
- Lass die Mischung unter einer Duschhaube oder einer Plastiktüte einwirken (dass du dir die Tüte nicht über den ganzen Kopf stülpen sollst, muss ich wohl nicht extra erwähnen, oder?).
- Warte zwanzig Minuten. Diese Zeit könnt ihr (falls ihr die Kur zu mehreren ausprobiert) für einen kleinen Zwischensnack nutzen. Oder ihr startet in der Zwischenzeit schon mit dem nächsten Wellness-Programmpunkt. Beides gleichzeitig geht natürlich auch.
- Wasch dir die Haare danach mit Shampoo und spül sie gut mit klarem Wasser aus.

Jetzt werden deine Haare glänzen wie nie zuvor!

Wie wär's mit einem neuen Haarschnitt?

Sieh dir noch einmal die Tipps auf den Seiten 56 bis 58 an, wo es um die Gesichtsformen und die Haartextur ging.

Suche in Zeitschriften Bilder von Mädchen in deinem Alter, die genau die Frisuren tragen, die du für deine Gesichtsform und Haartextur gefunden hast. Wähle eine aus, die dir gefällt.

Sprich mit deiner Mutter darüber, ob sie mit einem Friseurbesuch einverstanden ist. Wenn ja, nimm dieses Buch und das Bild, das du dir ausgeschnitten hast, mit zum Friseur. Geh zum besten Friseur, den ihr euch leisten könnt. Das kann aber auch deine Tante sein, die es immer schafft, bei jedem eine tolle Frisur zu zaubern.

Erklär deiner Friseurin genau, was du willst (oder lass es von deiner Mutter, Freundin usw. erklären – je nachdem, wer dich begleitet). Frag die Friseurin, was sie dazu meint. (Falls der Unterschied zu deiner jetzigen Frisur ziemlich krass ist und du plötzlich nervös wirst, kannst du dich immer noch dazu entscheiden, deine Haare dieses Mal nur ein wenig kürzen zu lassen. Beim nächsten Mal traust du dich dann vielleicht einen Schritt weiter.)

Sollte dein Friseurbesuch in einer Katastrophe enden – zumindest in deinen Augen –, denk daran, dass deine Haare immer wieder nachwachsen. In der Zwischenzeit kramst du einfach deine Haarspangen, Haarbänder oder Haarclips heraus und experimentierst ein wenig damit herum. Du kannst dir schließlich nicht 24 Stunden am Tag eine Mütze über den Kopf ziehen. Das brauchst du auch gar nicht. Wenn deine Haare sauber sind und du ein fröhliches Gesicht machst, siehst du immer hübsch aus. Alles klar?

MEINE NOTIZEN

Das habe ich über meine Haare, die Gott mir geschenkt hat, herausgefunden:

....

....

....

....

....

....

....

....

....

....

Kapitel 4:

RASIERER UND CO

Betty musste zugeben, dass ihr neues Haarstyling wirklich klasse aussah. Selbst ihrem Vater war die neue Frisur aufgefallen, und der war sonst eher der Typ, der erst einmal über das Sofa stolpern musste, bevor er merkte, dass die Mutter es woanders platziert hatte.

Gut, dieser blöde Julian aus ihrer Klasse hatte sich mal wieder über sie lustig gemacht und gesagt, sie sähe aus wie ein Alien aus dem Weltall. Aber der sollte sich doch erst einmal selbst im Spiegel ansehen mit seiner dämlichen Rasenmäher-Frisur!

Eines Tages in der Dusche entdeckte Betty noch an einer anderen Stelle Haare. Wenn sie ihren Arm hochhob, um sich die Achseln zu waschen (mit ihrem neuen Luffa-Schwamm), bemerkte sie etwas, was ihr vorher noch nie aufgefallen war: ein Flaum unter ihren Armen!

»Woher kommt das denn?«, dachte sie entsetzt. »Verwandle ich mich jetzt in einen Affen?«

Unter der Dusche untersuchte sie eingehend ihren Körper. Du lieber Himmel! Ihre Beine sahen ja auch viel haariger aus! Sie waren sonst immer nur von einem blonden Flaum bedeckt gewesen, aber jetzt wirkten die kleinen Härchen viel dunkler und dichter.

»Heute ziehe ich definitiv keinen Rock an!«, sagte Betty entschlossen. »Nicht heute und vielleicht nie wieder! Ich habe Haare an den Beinen!«

TESTE DICH!

Nimm dir ein paar Minuten Zeit, um herauszufinden, ob du gerade denselben Horror erlebst wie Betty. Kreuze das an, was am ehesten auf dich zutrifft.

Haare unter den Armen:

○ keine   ○ hell und flaumig   ○ dunkel und dick

Auf meinem T-Shirt habe ich Schweißflecken unter den Armen:

○ selten   ○ wenn ich Sport   ○ bei (fast) jeder
                      treibe   Bewegung

Haare an den Beinen:

○ wenig   ○ Ich kann sie   ○ Man kann sie
                      kaum sehen.   sogar vom
                                       anderen Ende
                                       des Zimmers
                                       aus sehen.

Meine Einstellung dazu:

○ Welche Haare?   ○ Kein Problem für   ○ Ich will sie
                           mich.   weghaben!

Warum ich mich rasieren will:

- ○ Will ich gar nicht!
- ○ Ein paar Freundinnen von mir rasieren sich auch.
- ○ Ich komme mir vor wie ein Affe.

So viel investiere ich in meine Schönheitspflege:

- ○ so wenig wie möglich
- ○ Ich nehme mir (fast) täglich Zeit für eine Grundpflege.
- ○ so oft (und so gründlich) wie möglich

Zähle jetzt, wie viele Kreuze du in jeder Spalte gemacht hast.
  In der linken Spalte: ....
  In der Mitte: ....
  In der rechten Spalte: ....

Wo hast du die meisten Kreuze gemacht?

Wenn du die meisten Kreuze in der linken Spalte gemacht hast, ist das Thema Rasieren für dich wahrscheinlich erst einmal uninteressant. Lies trotzdem weiter, denn eines Tages ist es vielleicht auch bei dir so weit, und dann solltest du wissen, wie man mit einem Rasierer umgeht.

Wenn du die meisten Kreuze in der mittleren Spalte gemacht hast, kann es zwar sein, dass du noch nicht bereit bist, dir die Beine zu rasieren. Aber du solltest deine Achselhöhlen im Auge behalten, besonders, wenn du dort leicht schwitzt. Der Schweiß wird sich in den Haaren unter deinen Armen festsetzen, was zu unangenehmen Gerüchen führt. Und das ist definitiv nicht besonders angenehm.

Auf den folgenden Seiten findest du heraus, wie du mit diesem und anderen Problemen umgehen kannst.

Wenn du die meisten Kreuze in der rechten Spalte gemacht hast, hast du vielleicht schon öfter ein Auge auf den Rasierer deines Vaters geworfen. Oder du hast plötzlich das Gefühl, das neue haarige Haustier der Familie zu sein. Das bedeutet, es ist an der Zeit, deine Mutter auf das Thema Rasieren anzusprechen. In diesem Kapitel findest du alle Geheimnisse über die Haarentfernung, damit du sofort loslegen kannst, sobald deine Mutter ihr Okay gegeben hat.

Da du für die Körperhaarentfernung einen Rasierer oder ein Produkt mit starken Chemikalien brauchst, ist es unbedingt nötig, dass du die Erlaubnis deiner Eltern hast, bevor du damit anfängst. Außerdem musst du Folgendes wissen: Wenn du angefangen hast, deine Haare mit dem Rasierer oder mit Enthaarungscreme zu entfernen, werden sie anschließend kräftiger und dichter nachwachsen. Das heißt, ab jetzt muss die Haarentfernung zur Routine werden, sonst siehst du bald ganz stachelig und stoppelig aus. Denk also gründlich darüber nach, ob du diesen Punkt wirklich jetzt schon in dein Schönheitsprogramm aufnehmen willst.

INFO-ECKE

Du hast die Erlaubnis, den ungeliebten Haaren an Beinen und/ oder Achselhöhlen auf die Pelle zu rücken? Bist du wirklich bereit, dich regelmäßig zu »enthaaren«? Dann ist hier der nächste Schritt zu einem fraulichen Gefühl.

Rasur-Tipps

• Stell dir zunächst alle Utensilien, die du brauchst, in die Dusche. Das ist der beste Ort zum Rasieren, weil deine Haare weicher werden, wenn sie nass sind. Du brauchst: Seife oder Duschgel, Rasiercreme oder -schaum (möglichst welchen, der ziemlich fest ist). Frag deinen Vater, ob du seinen beim ersten Mal benutzen darfst. Das Zeug, das die Männer benutzen, eignet sich dafür am besten. Falls du keinen Rasierschaum zur Hand hast, kannst du auch Haarspülung oder Conditioner verwenden. (Rasier dich auf keinen Fall trocken. Davon wirst du wahrscheinlich einen Hautausschlag bekommen.)

• Benutz immer einen sauberen Rasierer. Einwegrasierer sind für kurvige Stellen (zum Beispiel die Knöchel oder die Knie) nicht so gut geeignet. Du wirst erstaunt sein, wie leicht man sich schneiden kann und zunächst nichts davon merkt! Wenn du doch einen Einwegrasierer benutzt, musst du ihn spätestens nach zwei oder drei Rasuren wegschmeißen, weil dann die Klinge stumpf wird und du dich damit leichter verletzen kannst.

• Dusch dich vor der Rasur zuerst gründlich mit Duschgel. Rasierschaum und Haarspülung sind nicht dasselbe wie Seife. Bakterien und Keime kannst du damit nicht loswerden. Das ist also immer der erste Schritt!

• Schäum dich dann gründlich an Beinen und Achselhöhlen mit dem dicken, cremigen Rasierschaum ein. Das macht nicht nur Spaß, sondern dadurch richten sich außerdem deine Härchen auf, sodass sie leichter vom Rasierer erfasst werden können. Schäum aber nicht alles auf einmal ein, sondern zuerst die eine Achselhöhle und dann, nachdem du sie rasiert hast, die andere. Danach kannst du nacheinander den Beinen zu Leibe rücken. Dabei musst du natürlich zuerst das Wasser in der Dusche abdrehen, sonst wird der Schaum ja direkt wieder den Abfluss hinuntergespült.

- Jetzt geht's endlich ans Rasieren. Nimm dir genügend Zeit dafür! Rasier dir die Achselhöhlen in sanften, kurzen Strichen von oben nach unten. Dadurch werden gleichzeitig mit dem Rasierschaum auch die Härchen entfernt. Wenn du die Beine rasierst, stell dich zunächst einmal auf eine rutschfeste Unterlage, und stütz dann das Bein, das du rasieren willst, auf den Rand der Badewanne oder der Dusche. Fang unten am Knöchel an und zieh den Rasierer in langen, sanften Strichen dein Bein hoch. Beim Rasieren musst du nicht fest drücken, sondern das Gerät einfach gleiten lassen. Alle paar Striche musst du den Rasierer mit Wasser abspülen, denn wenn lauter Härchen daran kleben, schneidet er nicht mehr so gut. Sei besonders an den Stellen vorsichtig, wo die Knochen hervorstehen. Bei den Knien klappt es am besten, wenn du sie zum Rasieren beugst. Da die Härchen an den Oberschenkeln feiner und heller sind, musst du sie normalerweise nicht wegrasieren. Denk dran, Hektik ist hier fehl am Platz! Geh vorsichtig mit dem Rasierer um. Wenn du dich hinterher mit Heftpflastern verkleben musst, warst du wahrscheinlich zu schnell. Entspann dich und genieß die Zeit, die du für dich alleine hast.

Enthaarungscreme

- Überleg dir vorher genau, ob das wirklich die richtige Methode für dich ist.
- Vielleicht bist du der Meinung, eine Creme ist doch sicherer als ein Rasierer. Aber diese Cremes enthalten starke chemische Zusätze, auf die viele Benutzer allergisch reagieren. Wenn man kleine Schnitte oder Verletzungen hat, sollte man sie auf keinen Fall anwenden. Außerdem dauert diese Methode viel länger als das Rasieren, da du die Creme erst einmal fünf bis zehn Minuten einwirken lassen musst. Eine Tube Enthaarungscreme ist obendrein nicht gerade billig. Wenn du sie für deine Beine benutzen willst, kann das ganz schön teuer werden. Der Geruch dieser Cremes ist auch nicht gerade angenehm.
- Falls du sie trotzdem benutzen willst: Lies zuerst gründlich die Anweisungen durch und befolge dann ganz genau die einzelnen Schritte. Vor allem solltest du den Probetest am Anfang nicht auslassen, bei dem du an einer kleinen Stelle erst einmal testest, ob du die Creme überhaupt verträgst. Nach der Anwendung solltest du dir gründlich die Hände waschen, damit die Creme nicht aus Versehen mit deinen Augen oder deinem Mund in Berührung kommt. Wenn du mit der Creme an andere Stellen außer den Armen und Beinen gerätst, musst du dich sofort gründlich waschen.

Andere Haarentfernungsmethoden

- Laser: Es gibt Profis, die auf diese Weise deine Haare dauerhaft entfernen können. Das klingt verlockend, aber die Behandlung dauert extrem lang und ist sehr teuer.
- Waxing: Diese Methode benutzen Waxing- oder Kosmetikstudios. Dort werden dir mit einer warmen Wachs- oder Zuckerlösung die Haare entfernt. Aber – autsch! – das tut ganz schön

weh! Danach musst du ungefähr zwei Wochen warten, bis du die ganze Prozedur erneut durchführen lassen kannst. Das ist lang, denn bis dahin sind dir längst schon wieder neue Stoppeln gewachsen.

Wie sieht's aus mit den Augenbrauen?

Wahrscheinlich hast du dir noch nie viele Gedanken um deine Augenbrauen gemacht, es sei denn

... du hast besonders dicke Augenbrauen, die in der Mitte zusammengewachsen sind, oder

... du willst unbedingt rundum perfekt gestylt aussehen.

Wenn du es also versuchen willst, dann halte dich genau an die folgenden Anweisungen.

Du willst dir die Augenbrauen zupfen:

- Bevor du anfängst, geh zuerst unter die Dusche oder wasch dein Gesicht mit warmem Wasser. Dann tut es weniger weh.
- Du brauchst eine gute Pinzette mit einer abgeschrägten Spitze. Die ganz spitzen Pinzetten verwendet man eher, um kleine Splitter zu entfernen.
- Geh mit deinem Gesicht nah an den Spiegel heran. Am besten ist es allerdings, wenn du einen Handspiegel benutzt.
- Nimm mit der Pinzette ein einzelnes Härchen und zieh mit einem kurzen, kräftigen Ruck daran (in Wuchsrichtung!). Und schon ist es draußen!
- Zupf die Augenbrauen im inneren Bereich nicht zu weit nach außen. Falls du an einer Seite schon zu viel ausgezupft hast, versuch nicht, das an der anderen wieder anzugleichen. Sonst bleiben am Schluss nur noch ein paar kurze Striche übrig, die wie zwei Kommas über deinen Augen hängen.

Augenbrauenhaare wachsen nicht immer an derselben Stelle wieder nach, wo du sie gezupft hast. Das heißt, wenn du sie jetzt alle herauszupfen würdest, könntest du Pech haben und müsstest vielleicht für den Rest deines Lebens ohne Augenbrauen herumlaufen. Und falls du dich jetzt fragst, wer wohl so dumm wäre, so etwas zu tun: Du wirst erstaunt sein, wie schnell das passiert, wenn du erst einmal eine Pinzette in der Hand hast.

Du willst, dass deine Augenbrauen gepflegt aussehen:

- Entferne zunächst einmal die Härchen, die sich außerhalb deines Augenbrauenbogens befinden. Geh dabei genau so vor wie links beschrieben.
- Härchen am oberen Rand der Augenbraue solltest du niemals zupfen, es sei denn, eines ist außerhalb der Reihe gewachsen. Sonst sieht das Ergebnis hinterher unnatürlich aus und die Linie ist zu dünn.
- Viele Frauen lassen sich die Augenbrauen mit der Waxing-Methode entfernen. Das ist an dieser Stelle nicht nur schmerzhaft, sondern auch teuer. Außerdem besteht immer die Gefahr, dass dabei zu viele Härchen entfernt werden. Besser ist, du schlägst dir diese Methode erst einmal aus dem Kopf.

FRAG DOCH MAL GOTT!

In der Bibel steht nicht viel übers Rasieren. In Hesekiel 5,1 gibt es eine Stelle, wo Gott dem Propheten Hesekiel aufträgt: »Nimm dir ein scharfes Schwert als Schermesser und scher dir damit Kopf und Bart.« Das lässt sich allerdings kaum auf uns heute anwenden. Das Volk Israel stand kurz davor unterzugehen, und Hesekiel wurde von Gott beauftragt, ein paar merkwürdige Dinge zu tun, um sie davor zu warnen. Da ist es wohl überflüssig, dir zu raten, beim Rasieren deiner Beine kein Schwert zu benutzen, nicht wahr?

Der Grund, warum in der Bibel nichts über die Körperrasur bei Frauen steht, ist eigentlich logisch. Vor dem Jahr 1920 war es für Frauen nicht angebracht, ihre bloßen Arme und Beine in der Öffentlichkeit zu zeigen. Demzufolge hatten sie auch kein Interesse daran, eine glatte, haarlose Haut zu haben.

Heute gehört eine glatte und weiche Haut in vielen westlichen Ländern zum gepflegten Erscheinungsbild einer Frau. In anderen Ländern wiederum haben Frauen damit überhaupt nichts am Hut und niemand schert sich darum.

Im Grunde genommen ist es egal, ob man sich rasiert oder nicht. Das ist einfach Geschmacksache. Im Moment haben deine Eltern noch das letzte Wort, deshalb musst du dich jetzt noch so verhalten, wie sie es für richtig halten. Wenn deine Mutter der Meinung ist, dass du noch zu jung bist, um dir die Beine zu rasieren, obwohl du dir schon vorkommst wie ein Gorilla, dann ist es wichtig, dass die Sache nicht einen zu hohen Stellenwert in deinem Leben bekommt. Wichtig ist, dass du Verantwortung übernimmst und deinen Körper gut pflegst. In ein paar Monaten kannst du dann noch einmal mit deiner Mutter darüber reden. Der Weg zur Reife und zum Erwachsenwerden ist eben lang. Für diese Zeit hat Gott dir allerdings einen wichtigen Auftrag gegeben: »Ehre deinen Vater und deine Mutter. Dann wirst du lange in dem Land leben, das der Herr, dein Gott, dir geben wird« (2. Mose 20,12).

Deutlicher kann man es wohl kaum ausdrücken!

JETZT KANN'S LOSGEHEN!

Ob du dir die Beine jetzt schon rasierst oder erst später – du bist auf dem besten Weg, eine junge Frau zu werden. Ist das nicht toll? Das solltest du unbedingt einmal gründlich feiern! Sieh dir die Vorschläge neben den Luftballons an, und such dir aus, welche dir gefallen. Natürlich kannst du auch eigene Ideen finden und umsetzen.

Wo soll die Party stattfinden?
Egal, wo, Hauptsache, ohne Männer!

Wen will ich einladen?
meine beste Freundin
nur meine Mutter
ein paar wenige Freundinnen
ein paar Frauen oder Mädchen, die froh sind, eine Frau zu sein oder zu werden

Coole Deko für eine typische Frauenparty
Blumen und Deko-Schmetterlinge
Bilder von Frauen, die ich bewundere
alles, was glitzert

Was essen wir?
leckere Sachen wie Kuchen und Kekse
gesunde Snacks, die man ganz leicht zaubern kann
traumhafte Desserts, die toll dekoriert sind
Schokolade verwende ich nur ganz sparsam.

Was wollen wir machen?
einen Wellness-Abend (siehe Kapitel 2)
Jeder bringt ein Foto von sich als Baby mit. Dann müssen alle raten, wer auf dem Foto abgebildet ist. Das wird garantiert ein Spaß!
Wir sehen uns zusammen einen typischen Frauenfilm an.

Egal, welche Ideen dir einfallen, genießt eure gemeinsame Zeit, und freut euch, dass Gott euch als Mädchen geschaffen hat. Betet auch zusammen und redet mit Gott darüber. Er ist ganz sicher mit auf der Party!

MEINE NOTIZEN

Warum ich so begeistert bin, eine junge Frau zu werden:

....

....

....

....

....

....

....

....

....

....

....

....

Kapitel 5:

MANIKÜRE UND PEDIKÜRE

»Wer die Antwort weiß, soll sich jetzt bitte melden!«, sagte Bettys Lehrerin, Frau Hoffmann, gerade.

Betty kannte die Antwort wie ihren eigenen Namen, deshalb streckte sie ihren Arm hoch in die Luft. Vor ihr saß Caroline, die Neue. Auch sie hob die Hand. Betty starrte auf Carolines lange, schmale Finger. Ihre Fingernägel sahen einfach klasse aus: pink lackiert und wunderschön oval!

Schnell zog Betty ihre Hand wieder nach unten und betrachtete ihre eigenen Nägel – oder vielmehr das, was von ihnen noch übrig war. Heute Morgen bei der Mathearbeit hatte sie sie ganz abgeknabbert. Falls sie nachher den unangekündigten Test in Bio schrieben, würde sie noch die kleinen Hautstückchen an den Seiten abbeißen. »Ich sollte mir wohl vorher die Hände waschen«, überlegte sie, als sie den blauen Fleck an ihrem Fingerknöchel bemerkte. Da hatte sie wohl gestern Abend danebengemalt, als sie sich aus Langeweile mit einem Filzstift die Zehennägel angemalt hatte.

Plötzlich hatte Betty das Gefühl, dass jeder, der sie ansah, nur noch ihre abgekauten Fingernägel und die bemalten Fußnägel bemerken würde. Rasch zog sie ihre Füße aus den Sandalen und versteckte sie unter ihrem Stuhl. Die Hände steckte sie in die Hosentaschen. Frau Hoffmann rief Caroline auf, die die richtige Antwort wusste.

Frag doch mal Gott!

Vielleicht fragst du dich, wann die arme Betty endlich kapiert hat, worauf es ankommt. Schließlich sollte ihre Mitarbeit im Unterricht nicht davon abhängen, ob sie vorher eine Maniküre gemacht hat. Caroline ist bestimmt nicht schlauer als sie, bloß weil ihre Nägel lackiert sind und sie keine Filzstiftflecke an den Händen hat.

Tatsache ist aber, dass Bettys Hände ziemlich unansehnlich waren, und aus diesem Grund konnte sie nicht mehr zeigen, was wirklich wichtig war: nämlich, dass sie im Unterricht aufpasste und sich auch aktiv beteiligen wollte, weil sie begriffen hatte, dass sie auf diese Weise mehr Erfolg in der Schule haben und besser mitkommen würde. Das ist wirklich schade!

Noch bedauerlicher ist das aber, wenn man bedenkt, was wir mit unseren Händen, die Gott uns geschenkt hat, alles machen können. Beispiele dafür findest du bereits in der Bibel. Wir können …

- **beten:** so, wie Paulus es allen Christen aufgetragen hat (siehe 1. Timotheus 2,8).

- **Gott um Hilfe bitten:** wie Mose, der im Kampf gegen die Feinde seine Arme betend nach oben hielt, was den Israeliten zum Sieg verhalf, weil sie dadurch mehr Kraft bekamen (siehe 2. Mose 17,11).

- **helfen:** wie die tüchtige Frau im Buch Sprüche, die stets eine offene Hand für die Armen hatte und den Bedürftigen großzügig gab (siehe Kapitel 31,20).

- **heilen:** wie Jesus, und später auch die Apostel, die den Menschen die Hände auflegten, um sie durch die Kraft Gottes gesund zu machen (siehe Markus 5,23 und Apostelgeschichte 28,8).

- **klatschen:** wie das Volk, das seinem neuen König zujubelte und applaudierte (siehe 2. König 11,12).

- **Neues schaffen:** wie es die Menschen, die zu Gott gehören, schon immer getan haben: Noah baute die Arche, Salomos Leute errichteten den Tempel und Christen bauen mit ihren Gaben die Gemeinde auf (siehe 1. Korinther 14,12).

- **arbeiten:** wie die tüchtige Frau aus Sprüche 31,24, die Kleidung für sich und ihre Familie selbst herstellte, oder die ersten Christen, denen Paulus aufgetragen hatte, sich von der Arbeit ihrer eigenen Hände zu ernähren (siehe 1. Thessalonicher 4,11).

Wenn du all diese Dinge nicht mehr tun würdest, weil du keine Vorzeigehände hast, wäre das für Gott und für dich selbst sehr enttäuschend. Du kannst mit deinen Händen unzählige Dinge tun. Warum solltest du also nicht dafür sorgen, dass sie zumindest sauber und gepflegt aussehen, wenn nicht sogar fabelhaft?

TESTE DICH!

Kreuze auf der folgenden Skala an, was bezüglich der Pflege deiner Hände am ehesten auf dich zutrifft.

O Na ja, sauberer als die Hände meines Bruders sollen sie schon sein.
O Grundsätzlich sollen die Hände sauber und gepflegt aussehen.
O Ein wenig Nagellack sieht doch cool aus (gleichzeitig natürlich saubere und gepflegte Hände).
O Mit Nagellack kann ich so richtig zeigen, wie crazy ich bin (saubere und gepflegte Hände verstehen sich von selbst).

Egal, was du angekreuzt hast, keine der Antworten ist falsch oder richtig. Wenn du es nicht einsiehst, dein Geburtstagsgeld für eine Flasche Glitzerlack auszugeben, ist das völlig in Ordnung, solange du einfach nur darauf achtest, dass deine Hände und Nägel sauber sind. Und wenn du wegen ein paar super-stylischen, umwerfend aussehenden Fingernägeln vor Begeisterung ganz aus dem Häuschen gerätst, ist das genauso in Ordnung.

INFO-ECKE

Damit deine Hände gesund bleiben, musst du Folgendes beachten:

Wasch dir regelmäßig die Hände. Das tust du doch, oder? Du wärst überrascht, wenn du wüsstest, wie viele Leute noch nicht einmal darüber nachdenken. Warmes Wasser und Seife sind dabei unverzichtbar (die Hände nur kurz unter den Wasserhahn halten, bevor du aus dem Haus gehst, reicht nicht!). In den folgenden Situationen solltest du dir immer die Hände waschen:

- wenn du gerade auf der Toilette warst;
- kurz vor dem Essen (egal, ob du nur mal kurz in die Chipstüte greifen willst oder dich zum Essen an den Tisch setzt);
- bevor du etwas zu essen vorbereitest;
- nachdem du ein Tier berührt hast;
- nach dem Einkaufen;
- wenn deine Hände klebrig, fettig oder glitschig sind;
- wenn du erkältet bist (dann musst du deine Hände doppelt so oft waschen wie sonst – auf jeden Fall immer dann, wenn du dir die Nase geputzt hast. Eigentlich logisch, oder?);
- wenn du mit jemandem zusammen warst, der krank ist.

Auch wenn es dir so vorkommt, als ob du ab jetzt nur noch vor dem Waschbecken hängen musst: Das wird sich ändern, sobald dir das regelmäßige Händewaschen erst einmal zur Gewohnheit geworden ist. In der Schule hast du möglicherweise nicht so oft die Gelegenheit dazu. Du kannst dir aber für zwischendurch ein paar Feuchttücher oder ein Hygiene-Handgel (für das man kein Wasser braucht) in den Rucksack stecken. Falls dich jemand blöd anmacht, du hättest einen Sauberkeitsfimmel, reich ihm einfach eins deiner Feuchttücher!

Entferne regelmäßig den Dreck unter den Fingernägeln. Nimm dir einmal am Tag – am besten nach dem Duschen oder Baden – eine Nagelfeile (ideal sind die aus Metall), mit der du sanft den

Dreck unter den Nägeln herausholst. Das ist wichtig, auch wenn die Nägel nicht schmutzig aussehen. Du wirst erstaunt sein, was sich darunter alles verbirgt. (Woher das Zeug kommt, willst du wahrscheinlich lieber nicht wissen!)

Saubere Hände sind das oberste Gebot. Den ganzen Tag über kommst du ständig mit irgendwelchen Gegenständen in Berührung, die massenhaft mit Keimen besiedelt sind. Die Keime sind zwar so klein, dass du sie nicht sehen kannst, aber sie heften sich an deine Finger, egal, ob dir das recht ist oder nicht. Bakterien sind überall. Sie übertragen alles – von einer harmlosen Erkältung bis hin zu – na ja, du weißt schon ...

Creme dir die Hände mit Feuchtigkeitscreme ein. Kannst du dich noch an das Kapitel über die Hautpflege erinnern? Beim Eincremen nach dem Duschen oder Baden sind die Hände genauso wichtig wie der Körper. Das gilt besonders dann, wenn es draußen kalt ist, denn Kälte lässt nicht nur die Lippen rissig werden, sondern auch die Hände.

Wenn du bei dem Test auf Seite 85 »Na ja, sauberer als die Hände meines Bruders sollen sie schon sein« angekreuzt hast, war das schon alles. Du kannst den Rest des Kapitels überspringen und dich anderen Dingen widmen.

Wenn deine Antwort aber »grundsätzlich sauber und gepflegt« lautete, kommen jetzt die nächsten Schritte. Die gute Nachricht ist: Du musst das nicht jeden Tag machen. Wenn du einmal pro Woche die folgenden Tipps anwendest, wirst du sehen, dass es auch anderen auffallen wird, wie gepflegt deine Hände sind.

Feile deine Nägel mit einer sogenannten Sandblattfeile. Sie besteht aus Pappe oder Kunststoff und ist mit feinem Sandpapier belegt. Die herkömmliche Metallfeile ist dafür nicht geeignet, auch wenn sie Nagelfeile genannt wird. (Das soll erst mal einer verstehen!)

- Beim Feilen musst du darauf achten, dass du immer nur in eine Richtung feilst und nicht an den Nägeln sägst wie an einem Stück Holz. Beim Feilen in beide Richtungen können die Nägel brüchig werden. Setz die Feile an einer Seite des Nagels an und feile ihn in eine Richtung zur Mitte hin. Danach machst du dasselbe von der anderen Seite.
- Die ganze Prozedur dauert ihre Zeit. Du kannst das aber prima erledigen, während du dir einen Film ansiehst, Musik hörst oder telefonierst.
- Feile alle Nägel auf dieselbe Länge und Form. Um die Form zu bestimmen, schau dir dein Nagelbett an. Je nachdem, ob es gerade oder oval ist, passt du die Form deinen Nägeln an. So entsteht ein harmonisches Bild. Auch wenn du ein oder zwei Nägel hast, die schön lang sind und auf die du mächtig stolz bist, musst du sie kürzen, wenn die restlichen Nägel kurz sind. Sonst sieht das komisch aus.

Pflege deine Nagelhaut gut. Das ist die Haut, die deine Fingernägel umgibt und die manchmal über das Nagelbett wächst. Eine gepflegte Nagelhaut sieht nicht nur gut aus, sondern ist auch gesünder.

- Nimm eine kleine Schüssel mit warmem Seifenwasser und weich deine Hände ein paar Minuten darin ein. Dadurch wird auch die Nagelhaut weicher.
- Mit einem sogenannten Manikürestäbchen (das ist ein kleines Stäbchen aus Holz mit abgeschrägter Spitze) oder mit einem Wattestäbchen schiebst du nun die Haut vorsichtig zurück an den Platz, wo sie hingehört.

- Manchmal stehen nach dem Zurückschieben kleine Hautstückchen nach oben ab, die aussehen, als würden sie jeden Moment abbrechen. Diese kannst du mit einer kleinen Maniküreschere vorsichtig abschneiden. Sicherheitshalber solltest du dir das vorher von einer erfahrenen Person (deine Mutter, große Schwester usw.) zeigen lassen. Die abgerissene Haut ist tot, aber die Haut, an der sie hängt, nicht! Eine Maniküre sollte nicht blutig ablaufen!

Das ist alles. Jetzt sieh dich an, wie gepflegt deine Hände aussehen! Wenn für dich Nagellack wichtig ist, musst du jetzt die nächsten Schritte beherzigen. (Nagellack auf schmutzigen und ungepflegten Händen ist wie Kuchenglasur auf einem Kuchen, der noch nicht gebacken ist.) Wenn du also so weit bist, halte dich an die folgenden Tipps, damit du hinterher mit deinen Nägeln glänzen kannst.

Entferne zuerst alten Nagellack. Dazu brauchst du einfach nur ein Wattepad und etwas Nagellackentferner. Gib etwas Nagellackentferner auf das Pad, und wische damit von unten nach oben über den Nagel, bis alle Reste entfernt sind.

Trag dann eine Schicht farblosen Lack auf. Es gibt speziellen Unterlack, du kannst aber auch ganz normalen Klarlack verwenden. Auf jeden Fall ist dieser Schritt wichtig, wenn du vorhast, regelmäßig farbigen Nagellack zu verwenden, weil sich sonst nach einer Weile deine Nägel gelb verfärben können.

Mit dem Nagellack-Pinsel streichst du den Lack in höchstens zwei oder drei Strichen über den ganzen Nagel. Öfter sollte es nicht sein, denn sonst sieht der Lack ganz schmierig aus. Lass nun den Nagellack vollständig trocknen. Nimm dir genügend Zeit dafür. Wenn du mit dem Ergebnis jetzt schon zufrieden bist, kannst du es dabei belassen. Bei farblosem Nagellack sieht man es nicht so schnell, wenn er abblättert. Deine Nägel werden damit nicht nur hübsch aussehen, sondern auch schön glänzen.

Willst du noch farbigen Lack auftragen, gehst du folgendermaßen vor:

Trag den farbigen Lack in zwei Schichten auf. Auch hier solltest du pro Schicht nur zwei- bis dreimal über den Nagel streichen. Zwischen den beiden Schichten muss der Lack zuerst ganz trocken sein. Reibe die geschlossene Nagellackflasche vor dem Auftragen kurz zwischen den Handflächen hin und her. Auf diese Weise verteilen sich die Farbpigmente besser. Nicht schütteln, sonst gelangen kleine Luftbläschen in den Lack, die du hinterher auf dem Nagel hast. Trag zum Schluss noch eine Schicht farblosen Lack auf. Dadurch blättert der farbige Lack nicht so leicht ab.

Denk dran, Nagellackentferner entfernt nicht nur Nagellack, sondern durch ein paar Spritzer kann sich auch der Lack auf eurem Küchentisch oder die Farbe deiner Jeans auflösen. Du holst dir also am besten eine geeignete Unterlage, bevor du anfängst. Nagellackentferner immer von Augen und Mund fernhalten!

Viele Mädchen in deinem Alter (oder älter) kauen an ihren Fingernägeln. Das geschieht wahrscheinlich eher unbeabsichtigt. Du bist nervös oder gelangweilt, und bevor dir klar wird, was du da tust, hast du die Nägel schon abgebissen. Wenn du damit aufhören willst, achte zunächst mal ein paar Tage darauf, WANN du an den Nägeln kaust. Versuch dann, etwas zu finden, was du stattdessen tun kannst. Wenn du beim Fernsehen an den Nägeln knabberst, versuch's mal mit Stricken oder mit einer anderen Handarbeit. Wenn es in Stresssituationen passiert, besorg dir einen Knet- oder Stressball. Denk dran, wie viele Keime du dir in den Mund schiebst, während du an den Nägeln kaust!

Nun darfst du deine Nägel einige Stunden lang nicht intensiv beanspruchen. Am besten machst du deine Maniküre daher kurz vor dem Zubettgehen, denn dann ist die Gefahr am geringsten, dass du dir den Lack gleich wieder abstößt. Die Nägel dürfen nicht mit Wasser in Kontakt kommen, bevor sie vollkommen trocken sind! Die Trockenzeit kannst du beschleunigen, indem du deine Hände zwei Minuten lang ins Tiefkühlfach eures Kühlschranks streckst. Trotzdem dauert es noch mindestens drei Stunden, bis der Lack ganz trocken ist. Wenn du also nach dem Lackieren noch nicht gleich ins Bett gehst, wäre es keine gute Idee, direkt danach ein Kunstwerk mit Fingerfarben zu malen, mit den Händen ein Loch zu graben oder bei einem Schokokuss-Wettessen mitzumachen!

Sobald der Nagellack anfängt abzublättern – was früher oder später immer passiert –, schnapp dir schleunigst einen Nagellackentferner, und entferne damit die Reste auf dem Nagel. Für andere ist dieser Anblick nämlich nicht gerade schön. Auf keinen Fall solltest du den restlichen Lack mit den Fingernägeln oder, noch schlimmer, mit den Zähnen abknibbeln. Warte lieber, bis du Zeit hast, dir die Nägel mit Nagellackentferner und Wattepads zu säubern.

Falls bei dem Test auf Seite 85 herauskam, dass du auf einen crazy Look stehst, befolge alle Schritte, die du bisher gelesen hast. Wenn du allerdings zu dem Punkt kommst, wo es ums Lackieren geht, setz deine ganze Fantasie ein! Bei dieser Form von Kosmetika erheben Eltern normalerweise keinen Einwand (trotzdem solltest du deine zuerst fragen). Das kann einen Riesenspaß machen!

Besorg dir die Farben, die du besonders magst. Es gibt guten und günstigen Nagellack, der auch eine ganze Zeit lang hält. Die Farbpalette ist endlos, und es gibt alles, von matt über glänzend bis hin zu Glitzerlack. Der ist übrigens echt eine Wucht! Nutz die Zeit jetzt aus, um die verrücktesten und krassesten Farben und Stylings auszuprobieren. Später, wenn du älter bist, kannst du dich damit nicht mehr überall zeigen.

Lass die Finger von künstlichen Nägeln und Gelnägeln. Kennst du die Dinger, die man in einer Packung kauft und mit einem speziellen Kleber auf den Nägeln festkleben muss bzw. die Nagelstudios, in denen man mit einer UV-Lampe Gelnägel aufträgt? Das Zeug ist nicht gerade gesund für deine Nägel und der Besuch bei der Nageldesignerin ist meist sehr teuer. Und wer will schon einen künstlichen Look haben, außer vielleicht, wenn man die böse Hexe in einem Schultheaterstück spielt?

Frag doch mal Gott!

Jetzt haben wir über die Hände gesprochen. Aber wie sieht's mit den Füßen aus? Sind Gott die Füße genauso wichtig? Meistens sieht man sie doch überhaupt nicht. Warum solltest du dir also Gedanken um sie machen?

Fangen wir doch mal damit an, was Gott dazu meint. Die Israeliten haben ständig über Füße gesprochen. Meistens war das symbolisch gemeint. Ein Symbol ist etwas, was man sehen kann, zum Beispiel ein Kreuz. Es hilft dir, etwas zu verstehen, was du nicht sehen kannst, zum Beispiel den Glauben an Gott. Obwohl Füße manchmal stinken können und sich zwischen den Zehen Fussel festsetzen, sind sie ein wichtiges Symbol im Wort Gottes (Gott kann eben alles und jeden gebrauchen). Für unseren Weg mit Gott gibt es jede Menge Symbole.

»Er stellte mich auf festen Boden und gab meinen Füßen festen Halt.«

Psalm 40,3

> **»Dein Wort ist eine Leuchte für meinen Fuß und ein Licht auf meinem Weg.«**
>
> Psalm 119,105

Jesus wusch seinen Jüngern die Füße. Das war ein Symbol für die selbstlose Liebe Gottes und dafür, dass wir uns untereinander genauso lieben sollen.

> **»... und goss Wasser in eine Schale. Dann begann er, seinen Jüngern die Füße zu waschen ...«**
>
> Johannes 13,5

> **»Und weil ich, der Herr und Meister, euch die Füße gewaschen habe, sollt auch ihr einander die Füße waschen. Ich habe euch ein Beispiel gegeben, dem ihr folgen sollt. Tut, was ich für euch getan habe.«**
>
> Johannes 13,14-15

Sonst noch was?

Die Füße solltest du genauso pflegen wie die Hände – mit ein paar ganz geringen Abweichungen in der Umsetzung:

• Zehennägel sind kräftiger als Fingernägel. Schneide sie deshalb lieber mit einem Knipser oder einer speziellen Fußnagelschere, anstatt sie zu feilen.

- Besser ist es, du schneidest die Nägel gerade ab und nicht oval-förmig. Andernfalls können sie leicht in die Haut einwachsen.
- Einmal in der Woche, während du mit der Maniküre deiner Fingernägel beschäftigt bist, kannst du gleichzeitig deine Füße in warmem Seifenwasser einweichen, damit die Haut dort etwas weicher wird.
- Nimm dann eine Nagelfeile und säubere dir die Fußnägel. Falls du gedacht hast, dass sich das nur bei deinen Fingernägeln lohnt, wirst du jetzt eines Besseren belehrt!
- Wenn du dir die Fußnägel noch lackieren willst, ist es sinnvoll, Watteröllchen zwischen die Zehen zu stecken, um sie etwas von-einander zu trennen. Auf diese Weise verschmierst du den Lack nicht so leicht.

Härtefälle

Hast du Warzen?

Nicht nur an den Füßen, sondern auch an den Händen kann man diese unschönen Dinger bekommen. Auch wenn sie häss-lich aussehen, sind sie harmlos und verschwinden normalerweise von allein. Du kannst sie zwar mit verschiedenen Mitteln aus der Drogerie behandeln, aber es dauert trotzdem seine Zeit, bis sie aus-trocknen. Falls du eine Warze hast, die dich extrem stört, vor allem, wenn es eine Dornwarze am Fuß ist, kannst du sie auch beim Arzt behandeln lassen. Übrigens, von Fröschen und Kröten bekommt man keine Warzen. Das ist reiner Aberglaube.

Hast du ein Problem mit »Käsefüßen«?

Füße können definitiv stinken! Wenn das bei dir der Fall ist, musst du sie unbedingt waschen. Hier sind ein paar Tipps, wie du Stin-kefüße in Zukunft vermeiden kannst:

- Trag immer frische Socken aus Baumwolle oder Leinen. Das sind Naturfasern, die den Schweiß absorbieren, der sonst zu einem unangenehmen »Duft« führt.
- Auch deine Schuhe sollten aus Naturmaterialien wie Leder oder Leinen sein. Sportschuhe oder Sandalen aus Kunststoff sind vielleicht gerade megacool, aber nach einer Weile fangen die Füße darin derart an zu stinken, dass du eigentlich jedem, der dir über den Weg läuft, eine Wäscheklammer in die Hand drücken müsstest!
- Den ekligen Geruch aus deinen Schuhen kannst du loswerden, indem du Backpulver hineinstreust und es über Nacht drinlässt. Am nächsten Morgen, wenn du es ausgeschüttelt hast, »ist der Käs' gegessen«.
- Der größte Gestank bildet sich in Turnschuhen. Wenn du also Probleme damit hast, solltest du sie nicht so oft anziehen.

Tun dir die Füße oft weh?

Wenn du ständig Blasen an den Füßen hast oder dich immer wieder dabei ertappst, wie du dir die Schuhe zwischendurch ausziehst, trägst du wahrscheinlich zu kleine oder zu enge Schuhe. Deine Füße wachsen noch, deshalb verändert sich von Zeit zu Zeit auch deine Schuhgröße. Lass dir die Füße beim Shoppen immer messen und probier neue Schuhe vor dem Kauf unbedingt an! Schlag dir deine Traumschuhe aus dem Kopf, wenn es sie nicht in deiner Größe gibt.

Falls du plötzlich feststellst, dass du mit deinen elf Jahren größere Füße hast als deine Mutter, dreh nicht gleich am Rad! Heute sind die Füße der Frauen für gewöhnlich größer als in der vorigen Generation. Große Füße sind völlig in Ordnung. Einige der hübschesten Frauen der Welt tragen Schuhgröße 40 oder größer.

Du wünschst dir Schuhe mit Absätzen, aber deine Mutter erlaubt es nicht?

Weißt du was? Am besten, du hörst auf sie. Wenn du mit elf Jahren Schuhe mit sieben Zentimenter hohen Absätzen tragen willst, so ist das ähnlich wie beim Thema »künstliche Fingernägel« und »extremer Lidschatten«: Du wirst damit höchstens so aussehen wie bei einem Verkleidungsspiel, wenn du die Sachen deiner Mutter anhast. Außerdem, und das ist der größte Haken bei der Sache, können High Heels deine Haltung und deine Wirbelsäule so verändern, dass du dadurch Probleme mit den Hüften, Knien und sogar mit dem Nacken bekommst. Wenn du älter wirst, ist es cool, sie zu einem besonderen Anlass zu tragen, aber niemals den ganzen Tag über! Sei vernünftig, und entscheide dich lieber (wie viele andere auch), dich gut um deinen Körper zu kümmern, anstatt auf »Stelzen« herumzulaufen.

Hast du zwischen den Zehen rote, schuppige Flecken?

Dann hast du vermutlich Fußpilz. Man sagt dazu auch Athleten- oder Sportlerfuß. Allerdings musst du kein Sportler sein, um das zu bekommen. Zur Vorbeugung solltest du in öffentlichen Bädern in den Umkleidekabinen und Duschen immer Badeschlappen oder Flipflops tragen und deine Füße immer sehr gut abtrocknen, besonders zwischen den Zehen. In vielen Schwimmbädern gibt es Fußduschen mit einem Mittel gegen Fußpilz. Trag außerdem Schuhe, die deine Füße atmen lassen, und wechsle sie öfters.

Wenn dich der Fußpilz schon erwischt hat, solltest du dir in der Drogerie oder Apotheke einen Anti-Pilz-Puder oder eine Salbe besorgen. Die Anwendung ist meist ganz einfach. Von allein wird der Pilz nicht verschwinden. Und wer will schon den ganzen Tag mit juckenden Füßen herumlaufen?

JETZT KANN'S LOSGEHEN!

Puh, denkst du jetzt vielleicht. *Die Sache mit der Schönheitspflege ist aber ganz schön viel Arbeit. Um die Haare muss ich mich kümmern, um meine Haut, die Hände und sogar die Fußnägel! Wie soll ich mir das alles merken, geschweige denn es hinkriegen?* Lass uns doch hier mal eine Pause einlegen und alles noch einmal sortieren. Ein Beauty-Plan kann dir helfen, daran zu denken, wann du was erledigen solltest.

Das brauchst du dazu:

- ein großes Stück Papier in Posterformat oder vier normale DIN-A4-Blätter, die du zu einem großen Rechteck zusammenklebst
- ein großes Lineal
- einen Bleistift
- Textmarker, Bunt- oder Filzstifte
- wenn du willst, etwas, womit du dein Poster dekorieren kannst, zum Beispiel Aufkleber, Bilder aus Zeitschriften oder sogar Fotos von dir bei der Schönheitspflege
- Reißnägel oder Klebepads zum Befestigen des Posters an der Wand

Und so geht's:

Bei der Gestaltung deines Posters kannst du nichts falsch machen. Sei einfach kreativ. Auf die linke Seite schreibst du untereinander:

TÄGLICH
- O   duschen oder baden
- O   Haare waschen
- O   nasse Haare kämmen
- O   eincremen mit Body Lotion

○ Fingernägel säubern
○ acht Gläser Wasser trinken
○ 30 Minuten Sport
○ Hände oft waschen

JEDEN MORGEN
○ Gesicht waschen
○ eincremen mit Feuchtigkeitscreme
   (evtl. Sonnencreme mit Lichtschutzfaktor)
○ Haare bürsten
○ Haare stylen

JEDEN ABEND
○ Gesicht waschen
○ mit Feuchtigkeitscreme eincremen
○ Haare bürsten
○ auf acht Stunden Schlaf achten

WÖCHENTLICH
○ Füße in Seifenbad einweichen
○ Nagellackreste entfernen
○ Nägel feilen
○ Nagelhaut zurückschieben
   und evtl. entfernen
○ Zehennägel säubern
○ Zehennägel schneiden
○ neuen Nagellack auftragen
○ Spülung oder Conditioner benutzen
○ Beine und Achselhöhlen rasieren

ALLE SECHS WOCHEN
○ Haare schneiden

Wenn du zu Hause durch deine Geschwister nur wenig Privatsphäre hast oder einfach nicht willst, dass jeder das Poster sieht, kannst du dir das Ganze auch in kleinerer Version in ein Notizbuch oder in ein spezielles Beauty-Tagebuch schreiben – oder auch einfach in dein ganz normales Tagebuch. Gestalte das Blatt genau so, wie gerade beschrieben, nur eben in Kleinformat.

Dekoriere und beklebe jetzt das Poster an den Rändern nach deinem persönlichen Geschmack. Lass neben deiner To-do-Liste noch genügend freie Fläche.

Such dir einen geeigneten Ort, wo du das Poster aufhängen willst. Du solltest es jederzeit sehen können, damit du an alles denkst.

Nimm dir einen coolen Stift oder Textmarker, mit dem du die einzelnen Punkte abhakst, wenn du sie erledigt hast. Du kannst natürlich auch Sterne, Aufkleber oder Smileys dahinterkleben. Hauptsache, du hast Spaß daran, deine persönlichen Beauty-Maßnahmen umzusetzen und den Überblick zu behalten.

Es kann unheimlich Spaß machen, sich dabei zu beobachten, wie man gute Gewohnheiten entwickelt. Vergiss aber nicht, dass es nicht so schlimm ist, wenn du an einem Tag mal etwas vergisst. Du wirst deswegen nicht gleich zum hässlichen Entlein. Mach einfach am nächsten Tag weiter – und hab Spaß dabei!

MEINE NOTIZEN

Diese Erfahrungen habe ich mit meinem Beauty-Plan gemacht:

....
....
....
....
....
....
....
....
....
....
....
....

Kapitel 6:

OUTFIT UND STYLING

Eines Morgens wachte Betty auf, und es schien, als wären ihre Kleidungsstücke, die sie letzte Woche noch getragen hatte, plötzlich geschrumpft. Nichts passte mehr richtig! Ihre Mutter kündigte an, dass es höchste Zeit für eine Shoppingtour sei. *Klasse!*

Am Anfang war Betty noch begeistert. In letzter Zeit hatte sie vermehrt darauf geachtet, was die anderen Mädchen so anhatten. Und sie wusste genau, was *sie* wollte: nämlich das, was *die andern* trugen. Eifrig lief sie durch den Laden und fand ein paar Jeans, die auch Mia trug, Tops wie die von Timo und Röcke, wie Anna sie manchmal anhatte.

Aber als Betty dann das erste Outfit in der Umkleidekabine anprobierte und sich selbst im Spiegel betrachtete, gingen ihr langsam die Mundwinkel nach unten.

»An mir sehen die Sachen gar nicht so toll aus wie an Mia, Timo und Anna«, beklagte sich Betty bei ihrer Mutter.

»Aber das ist doch klar«, meinte die Mutter. »Du hast ja auch längere Beine als Mia und bist etwas kurviger als Timo. Außerdem hast du eine viel dunklere Haarfarbe als die drei, deshalb steht dir die Farbe auch nicht so gut.«

Betty sah sich noch einmal eingehend im Spiegel an. »Das ist mir egal«, erwiderte sie trotzig. »Ich will die gleichen Klamotten haben wie meine Freunde!«

»Ich werde dir aber nichts kaufen, was dir nicht steht!«, sagte die Mutter in einem Tonfall, der keinen Widerspruch duldete.

Das ist ja wohl ganz, ganz toll!, dachte Betty. *Jetzt kann ich mich auch gleich begraben lassen!*

Frag doch mal Gott!

Steht in der Bibel eigentlich etwas über Klamotten? Vielleicht überrascht es dich – aber es gibt tatsächlich einige Stellen. *Gott will, dass du das Beste aus deinem Äußeren machst.* Die »edle« Frau, die im Buch Sprüche beschrieben wird, »kleidet sich in Gewänder aus feinstem Tuch« (Sprüche 31,22). Aber nicht nur sie, sondern ihre ganze Familie ist gut gekleidet (Vers 21).

Das bedeutet nicht, dass du in Designer-Klamotten herumlaufen und aussehen musst, als ob du gerade aus Guccis Kleiderkiste gestiegen wärst. Nein, mit diesen Versen ist gemeint, dass du Sachen tragen sollst, die dir gut stehen und in denen du dich wohlfühlst. Damit vermittelst du die Botschaft: »Jeder soll mein wahres Ich sehen, eine Person, die Respekt verdient.«

»Das Beste« sieht in Gottes Augen nicht für jeden gleich aus. Gott hat dich nicht nur einzigartig gemacht, sondern er kümmert sich auch liebevoll um dich. Er möchte, dass du so bist, wie er dich gemacht hat. Gott gibt den Menschen »die Fähigkeit zum Denken und Handeln; über alles, was sie tun, weiß er Bescheid« (Psalm 33,15; Hfa).

Würde es dann Sinn machen, wenn alle in den gleichen Klamotten herumlaufen würden? Es ist verständlich, dass du die gleichen Sachen tragen willst, wie »alle« sie haben. Deine Großmutter *musste* früher wahrscheinlich unbedingt einen Petticoat haben, deine Mutter hat vielleicht um eine ausgewaschene Jeans gebettelt. In deinem Alter ist es normal, dass man sich einer Gruppe zugehörig fühlen will.

Aber jetzt ist auch die Zeit, in der du lernen sollst, *was* dich so einzigartig macht, denn das bist du! Gott ist unglaublich kreativ. Selbst eineiige Zwillinge sind unterschiedliche Persönlichkeiten. Deine »Besonderheit« ist das, was du in deinen Freundeskreis mit hineinbringst. Es ist das, was sie an dir lieben. Mit der zu dir passenden Kleidung kannst du deine Einzigartigkeit unterstreichen.

Gott will nicht, dass du vor dem Kleiderschrank stehst und

ausrastest, weil du nicht weißt, was du anziehen sollst. Weißt du, was Jesus in seiner berühmten Bergpredigt gesagt hat?

»Und warum sorgt ihr euch um eure Kleider? Schaut die Lilien an und wie sie wachsen. Sie arbeiten nicht und nähen sich keine Kleider. Trotzdem war selbst König Salomo in seiner ganzen Pracht nicht so herrlich gekleidet wie sie. Wenn sich Gott so wunderbar um die Blumen kümmert, die heute aufblühen und schon morgen wieder verwelkt sind, wie viel mehr kümmert er sich dann um euch? Euer Glaube ist so klein!«

Matthäus 6,28-30

Natürlich meinte Jesus damit nicht, dass Gott morgens, wenn wir aus der Dusche kommen, mit unseren Klamotten über dem Arm dasteht, damit wir uns gleich das Passende für den Tag anziehen können. Er wollte damit sagen, dass die Kleidung nicht das Wichtigste für uns sein soll. Natürlich ist es richtig cool, einen trendigen Gürtel zu haben oder mit deiner besten Freundin im »Partnerlook« herumzulaufen. Aber andere Dinge können genauso viel Spaß machen: ein Spieleabend mit Freunden zum Beispiel oder kleine Geschenke für die Menschen im Altenheim zu basteln. Es geht darum, die Klamottenfrage nicht überzubewerten. Achte darauf, dass du gut aussiehst, und kümmere dich dann um die Dinge, die du sonst noch tun willst oder musst.

Für Gott ist unser Lebensstil viel wichtiger als unsere Kleidung, denn nur so kann unsere Schönheit erst richtig zur Geltung kommen.

> »Macht euch keine Sorgen um äußere Schönheit, die auf modischen Frisuren, teurem Schmuck oder schönen Kleidern beruht. Eure Schönheit soll von innen kommen – das ist die unvergängliche Schönheit eines freundlichen und stillen Herzens, das Gott so sehr schätzt.«
>
> 1. Petrus 3,3-4

Überleg einmal, was Gott wohl wichtiger ist:

Welche Schuhe du trägst oder wie du deine Mutter behandelst?

Ob du den absolut coolsten Bikini besitzt oder ob du zu den Außenseitern in deiner Schule nett bist?

Welches Top am besten zu deiner Jeans passt oder was du zu deiner Freundin sagst, die heute einen besonders schlechten Tag hat?

Die Antworten liegen klar auf der Hand, oder?

Was hat das alles aber mit deinen Klamotten zu tun und mit dem, was du anziehen willst? Lass uns doch einmal zusammenfassen, was du dir für deine nächste Shoppingtour merken solltest:

- Such dir Klamotten aus, die so aussehen, dass du dich damit in einer Gruppe wohlfühlst.
- Wähle Outfits, die deine Einzigartigkeit unterstreichen.
- Mach Klamotten nicht zum Mittelpunkt deines Lebens.
- Dein Outfit sollte deine natürliche innere Schönheit zur Geltung bringen.

Wie du das nun in die Praxis umsetzen kannst? Hier kommt ein Test, mit dem du deinen eigenen Stil herausfinden kannst.

TESTE DICH!

Hast du jemals das Gefühl gehabt, dass du dir in bestimmten Klamotten irgendwie fremd vorkamst? Das lag wahrscheinlich daran, dass das, was du anhattest, nicht zu deiner Persönlichkeit passte. Der erste Schritt ist also, deinen persönlichen Stil herauszufinden. Kreuze an, welche der unten stehenden Aktivitäten du am liebsten machst.

a) Softball
b) Scrabble
c) Fantasie- oder Bewegungsspiele

a) eine Kissenschlacht
b) ein Rätsel aus einem Rätselheft
c) chillen und lachen mit Freunden

a) Fahrrad fahren
b) ein Buch lesen
c) mir eine Geschichte ausdenken

a) ein Computerspiel spielen
b) im Internet surfen
c) mit einer Freundin chatten

a) Snowboardfahren ausprobieren
b) einen perfekten Schneemann bauen
c) mit deinem Körper Schnee-Engel in den verschneiten Boden »malen«

Zähle, wie viel Mal du a, b und c angekreuzt hast.

a: ....

b: ....

c: ....

Wenn du hauptsächlich a) angekreuzt hast, bevorzugst du möglicherweise den sportlich-lässigen Stil. Wie soll man sich denn in Röckchen und allem möglichen Schnickschnack und mit nach vorn spitz zulaufenden Schuhen so powervoll bewegen können, wie du das gerne tust? Zieh dir bequeme Kleidung an, in der du dich wohlfühlst – auch dann, wenn du dich für einen besonderen Anlass in Schale werfen musst. Du weißt schließlich nie, ob da nicht jemand ist, der mit dir ein Wettrennen veranstalten will, oder ob nicht irgendwo ein Baum in der Nähe steht, auf den du unbedingt klettern musst!

Wenn du hauptsächlich b) angekreuzt hast, liebst du geistige Herausforderungen. Die klaren Linien eines klassischen Outfits werden dir sicher gefallen. Natürlich nichts Langweiliges, sondern coole Jacken, die du je nach Lust und Laune zu Röcken oder Hosen tragen kannst. Schicke Sachen also!

Wenn du hauptsächlich c) angekreuzt hast, bist du wahrscheinlich ein ziemlich emotionaler Mensch, der gerne und laut lacht, aber auch bitterlich weinen kann. Garantiert passt zu dir am besten der romantische Stil. Jeans mit bunten Stickereien, Pailletten-Geldbörsen, perlenbesetzte Flipflops, vielleicht auch viel Glitzer und Pink passen zu deiner verträumten Art.

Wenn du zu fast gleichen Teilen a), b) und c) angekreuzt hast, bist du eine kunterbunte Persönlichkeit. Dein Stil ist wahrscheinlich sehr kreativ. An einem Tag bist du ein richtiger Wildfang, an einem andern kommt eher deine mädchenhafte Seite zum Vorschein. Für andere bist du deshalb oft ein Rätsel. Probier ruhig ein paar verrückte Outfits aus, indem du mehrere Stile miteinander kombinierst. Trag zum Beispiel zu deinen klobigen Stiefeln einen langen, weiten Rock oder ein Baseballcap mit glitzernden Pailletten.

Schreibe hier deinen persönlichen Stil auf, den du herausgefunden hast:

....

....

....

....

....

....

....

....

INFO-ECKE

Egal, ob dein Stil sportlich, klassisch, romantisch oder kreativ ist, es bedeutet nicht, dass du diesen Stil nun für immer und ewig haben musst. Vielleicht hat er sich nächstes Jahr um diese Zeit komplett geändert, weil du inzwischen noch mehr über dich und deine Persönlichkeit herausgefunden hast. Die meisten von uns haben allerdings finanziell nicht unbegrenzte Möglichkeiten, ihren Kleiderschrank ständig mit tollen Outfits aufzustocken. Deshalb solltest du darauf achten, dass der größte Teil aus Klamotten besteht, die gut zu dir passen.

Die folgenden Vorschläge sollen dir bei deinem nächsten Einkauf bzw. bei der Zusammenstellung deines Outfits aus bereits vorhandenen Klamotten helfen.

Hosen

Sportlicher Look: deine Lieblingsjeans, coole Sweathosen, Cargohosen, Shorts, in denen du dich gut bewegen kannst, und, wenn du dich schick machen willst, Chinohosen in tollen Farben.

Klassischer Look: Jeans mit knackigem Schnitt, deine Lieblings-Kakihose, Sweatpants mit dazu passenden Jacken, Shorts mit Gürteln und Taschen, Hosen, die gut zu Stiefeln oder Slippern passen.

Romantischer Look: Jeans mit schönen Details (zum Beispiel Stickereien), Sweathosen in Pastelltönen und aus weichen Stoffen (zum Beispiel Fleece), Skorts (eine Kombination aus Shorts und Rock), Wickelhosen.

Kreativer Look: ausgefallene Jeans wie zum Beispiel 7/8-Hosen mit Strassapplikationen, Yogahosen, Safari-Shorts, Gaucho-Hosen.

Tops

Sportlicher Look: kurz- und langärmlige gerade Shirts, Hoodies (Kapuzenpullover) mit Reißverschluss, Tanktops und – wenn du dich schick machen willst – Blusen, die man heraushängen lassen kann.

Klassischer Look: kurz- und langärmlige taillierte Shirts, Pullover mit Rollkragen oder Rundhals, kesse ärmellose Blusen und – wenn du dich schick machen willst – taillierte Blusen mit kleinen Details wie zum Beispiel Abnähern.

Romantischer Look: kurz- und langärmlige Shirts mit typisch mädchenhaften Details, modische Sweater mit Häkel- oder Kunstfellkragen, Tunikas und – wenn du dich schick machen willst – taillierte Tops.

Kreativer Look: kurz- und langärmlige Shirts mit ausgefallenen Mustern, grob gestrickte Sweater und Ponchos, 2-in-1-Tanktops, zum Schickmachen detailreiche Tunikas.

Röcke und Kleider

Sportlicher Look: ausgestellte Kaki- und Denim-Röcke, Skorts, einfache Kleider aus atmungsaktiven Stoffen (z. B. reine Baumwolle).

Klassischer Look: trendige Röcke mit Falten in gerader Form, lange, einfache Röcke, Kleider mit dazu passendem Gürtel, Taschen und Kragen.

Romantischer Look: weite Röcke, die zum Herumwirbeln einladen, geraffte Röcke, Kleider mit Schärpen, hübschen Ärmeln und kleinen Details am Saum.

Kreativer Look: Röcke mit besonderen Details wie glitzernde Perlen auf Jeanstaschen oder übergroße Taschen, Wickelröcke, Kleider, die einen fremdländischen Look haben.

Jacken oder Mäntel (je nach Jahreszeit und Wetter)

Sportlicher Look: Jeansjacken, Daunenjacken, Parkas, Sweatjacken.

Klassischer Look: Blazer, Wolljacken, taillierte Skijacken, lange Mäntel mit einfachen Linien.

Romantischer Look: kurze Jacken (bis zur Hüfte), Felljacken und -mäntel, pastellfarbene Ponchos.

Kreativer Look: flippige Jeansjacken, farbenreiche Ponchos, Capes und Umhängetücher.

TESTE DICH!

Hast du dir schon mal ein Kleidungsstück gewünscht, das alle anderen auch haben – und als du es dann anprobiert hast, saß es überhaupt nicht richtig? Oder du sahst darin total komisch aus?

Das liegt daran, dass jeder eine andere Körperform hat und nicht jedes Kleidungsstück auch jedem steht. Erinnerst du dich? Gott hat die Menschen in unterschiedlichen Formen und Größen geschaffen und liebt sie genau so, wie sie sind. Garantiert macht es dir Riesenspaß, deinen persönlichen Figur-Typ herauszufinden!

Stell dich in Unterwäsche oder in bequemer Kleidung vor einen Ganzkörperspiegel und finde heraus, welche der folgenden Beschreibungen am besten zu dir passt.

○ **mittelgroß bis groß und schlank wie eine Tanne**
 – groß und hager
 – gerade Körperform (Schultern und Hüften bilden
   eine Linie, kaum Taille)

○ **klein und zierlich wie eine Elfe**
 – feine und zarte Körpermerkmale
 – schmal und schlank

○ **mittelgroß bis groß und kräftig, eine richtige Powerfrau**
 – leicht muskulös
 – athletischer Körperbau
 – hier und da ein paar Kurven

○ **klein und stämmig wie Madam Malkin aus Harry Potter**
 – leicht muskulös
 – ein paar wenige Kurven
 – nicht nur klein, sondern auch oho
 – athletischer Look

○ **mittelgroß bis groß und kurvig, schon fast eine junge Dame**
 – eine ausgebildete Taille, Brüste, die sich allmählich
   entwickeln
 – eine sanduhrförmige Figur

○ **Klein und knuddelig wie ein Teddybär zum Liebhaben**
 – weiche Rundungen
 – weibliche Figur
 – vielleicht schon erkennbare Brüste

INFO-ECKE

Du musst dich entscheiden:

Magst du deinen Körperbau, und willst du ihn auch so zeigen, wie er ist?

Oder willst du die Vorteile, die du hast, betonen und dadurch deine Schönheit noch unterstreichen? Keine der beiden Möglichkeiten ist verkehrt. Das ist einfach nur Geschmacksache. Das Einzige, was zählt, ist, dass du dich magst, wenn du dich im Spiegel siehst. Vergiss nicht: Gott möchte, dass wir das Beste aus dem machen, was er uns gegeben hat.

Wenn du deine Länge und deine schmale Figur betonen willst: Lange und gerade Formen sind optimal für dich; trag keine Gürtel oder Stoffe mit großen Mustern; fließende Stoffe stehen dir am besten.

Wenn du etwas größer wirken willst: Unifarbene Kleidung von Kopf bis Fuß und senkrechte Streifen und Muster strecken dich optisch; in Schuhen mit kleinem Absatz siehst du umwerfend aus.

Wenn du deine Zierlichkeit betonen willst: Trag Röcke, die oberhalb der Knie enden (mit Erlaubnis deiner Mutter natürlich); Tops, die bis zur Taille reichen, kurz geschnittene Hosen, Caprihosen und Skorts stehen dir super.

In deinem Alter wächst und verändert sich dein Körper ständig. Deshalb wird sich wahrscheinlich auch dein Körpertyp mit der Zeit ändern. Du findest hier zwar Tipps, wie du bestimmte Merkmale, mit denen du nicht ganz so glücklich bist, kaschieren kannst, aber du solltest auch nicht gleich ausflippen, wenn dein Bauch mal etwas rundlicher ist oder wenn du momentan eben die Größte in deiner Klasse bist. Dein Körper entwickelt sich noch zu seiner endgültigen, individuellen Form, und das ist doch fantastisch!

Achte bei deinen Shoppingtouren darauf, dass du dir Klamotten aussuchst, die dir auch passen. Kleider, die aussehen, als ob du hineingepresst worden wärst, sind ein absolutes No-Go, egal, bei welchem Stil. Du solltest genügend Bewegungsfreiheit darin haben. Deine Freundin trägt zwei Nummern kleiner als du? Na und? Ist doch egal! Du hast deine individuelle Größe, sie hat ihre. Das Leben als Teenie ist spannend und bietet viele Freiheiten. In bequemen Outfits kannst du das viel besser genießen als in zu engen Klamotten!

Wenn du etwas kleiner wirken willst: Trag Röcke in Knielänge oder etwas länger; achte auf Kleidung, die deine Figur unterteilt: unterschiedliche Farben bei Oberteilen und Röcken oder Hosen, oder einen hübschen Taillengürtel. Schuhe mit flachen Absätzen sind wie für dich gemacht.

Wenn du deinen kräftigen, robusten Körperbau hervorheben willst: Achte auf anschmiegsame Kleidung (z. B. T-Shirts und Oberteile mit Stretchanteil); modische Stehkragen und Hosen mit geradem Bein (im Laden auch »straight leg« genannt) sind für dich das Richtige. Für dich sind natürlich rassige Sport-Outfits ideal, aber sie sollten nicht zu jungsmäßig aussehen.

Du willst deinen kräftigen Körperbau etwas weicher wirken lassen? Deine Kleidung sollte figurbetont, aber nicht zu eng und auch nicht sackartig sein. Kleine, mädchenhafte Details wie ein paar Stickereien auf deiner Jeans oder eine Bluse mit dezenten Spitzen sind für dich genauso vorteilhaft wie leicht aufgebauschte Ärmel und runde Halsausschnitte.

Wenn du deine weiblichen Kurven in Szene setzen willst: Trag locker sitzende Teile wie tolle Blusen und weite Hosen; auch helle Ponchos oder modische Röcke im Dirndl-Stil sehen toll aus an dir – eben alles, was richtig weiblich aussieht.

Wenn du etwas schlanker wirken willst: Zieh dir einfach Sachen an, die dir gut passen. Sie dürfen nicht zu eng, aber auch nicht zu weit sein. Taillierte Tops, Kleider und Jacken sind optimal. Eine hippe Halskette und ein Oberteil mit raffinierten Ärmeln, und du wirst einfach nur hinreißend aussehen!

TESTE DICH!

Die Farbenvielfalt bei Klamotten ist gigantisch. Genauso »bunt« und abwechslungsreich sind wir Menschen und das ist richtig klasse! Es ist verblüffend, wie man mit richtig ausgewählten Farbtönen die natürliche Schönheit noch unterstreichen kann. Willst du herausfinden, welche Farben dir am besten stehen?

Stell dich einmal vor einen Spiegel und betrachte dich eingehend bei gutem Licht. Vielleicht kannst du auch noch deine Mutter oder einen anderen Erwachsenen zurate ziehen. Lies die unten stehenden Beschreibungen, und kreise dann ein, was am ehesten auf dich zutrifft (es gibt natürlich noch mehr Varianten, die wir hier aber nicht alle aufgezählt haben).

Haare: rot   blond   dunkel

Haut: hell   dunkel

Hast du
- ○ rote Haare und eine helle Haut?
- ○ blonde Haare und eine helle Haut?
- ○ blonde Haare und eine dunklere Haut?
- ○ dunkle Haare und eine helle Haut?
- ○ dunkle Haare und eine dunklere Haut?

INFO-ECKE

Natürlich steht es dir frei, die Farben zu tragen, die dir am besten gefallen. Gott hat einen ganzen Regenbogen voller Farbtöne für uns geschaffen, damit wir Freude daran haben. Wenn du mal ausprobieren willst, wie du mit deinen natürlichen Farben deine Schönheit noch mehr zur Geltung bringen kannst, sind hier ein paar Vorschläge. Du wirst begeistert sein!

	vorteilhaft	weniger vorteilhaft
rote Haare und helle Haut	alle Grün- und Blautöne, warme, erdige Rot- und weiche Goldtöne	weiß, gelb, Pastellfarben, pink, violett
blonde Haare und helle Haut	pink, hellblau, hellgrün, rot, grün, violett, koralle	schwarz, gelb, Pastellfarben
blonde Haare und dunkle Haut	weiß, pink, flieder-farben, hellgrün, lila, dunkelblau	orange, Neon-Farben, gelb, rot
dunkle Haare und helle Haut	rot, dunkles Pink, weiß, blau, grün	beige, Pastell-farben, orange
dunkle Haare und dunkle Haut	kräftige Rottöne, schwarz, braun, lila, smaragdgrün, helle Blautöne	gelb, Neon-Farben

- Du kannst nie etwas falsch machen, wenn deine Klamotten die Farbe deiner Augen haben.
- Farben können nicht nur deine Stimmung beeinflussen, sondern auch, wie du auf andere wirkst. Ist das nicht cool?
- Brauchst du einen Energieschub oder willst du dein Selbstvertrauen ein wenig pushen? Trag ein kräftiges **Rot!** Das ist gut beim Sport und in allen Situationen, wo du richtig Leben in die Bude bringen willst.
- Brauchst du das Gefühl, alles im Griff zu haben? **Weiß** ist dafür bestens geeignet – besonders, wenn du ein Referat vor der Klasse halten oder ein Stück auf dem Klavier vorspielen musst.
- Du willst deine Unabhängigkeit zum Ausdruck bringen? Dann ist **Grün** die richtige Farbe! Sie ist perfekt für den Umgang mit Leuten, die deine Einzigartigkeit nicht akzeptieren wollen.
- Und welche Farbe wählst du, wenn du einen beruhigenden Effekt haben willst? Zieh dir etwas **Hellblaues** an – das ist die optimale Farbe fürs Babysitten oder wenn du nervös bist.
- Du willst ernster genommen werden? Kram deine **dunkelblauen** Klamotten hervor! Das passt perfekt für die Klassensprecher-Wahl oder wenn du wild entschlossen bist, eine gute Note in der Mathearbeit zu schreiben.
- Einen geheimnisvollen Look erreichst du mit **schwarzen** Outfits. Schwarz hat etwas Dramatisches an sich und eignet sich deshalb hervorragend für Theaterproben oder auch, wenn du möchtest, dass man dich nicht so leicht durchschaut.
- Du könntest eine Umarmung gebrauchen oder willst erreichen, dass jemand dir sein Vertrauen schenkt? Trag **Pastelltöne** (helle Töne in sanften Farben). An Tagen, wo du dich einsam oder besonders liebenswert fühlst, sind diese Farben ideal!

Deine Outfits kannst du wunderbar mit Accessoires aufpeppen. Das sind zum Beispiel

- Hüte
- Schals
- Schmuck
- Gürtel
- schöne Täschchen
- Socken, Strümpfe oder Stulpen
- Schuhe

Accessoires sind das Highlight in jedem Kleiderschrank. Mit ihnen kannst du

- verschiedene Basics zu ganz unterschiedlichen Outfits zusammenstellen;
- die Blicke deiner Umgebung auf die Stellen lenken, die du gut an dir findest;
- die Aufmerksamkeit von Merkmalen ablenken, die du gern kaschieren willst;
- deinem Aussehen eine persönliche Note geben und deine Einzigartigkeit unterstreichen.

Das macht einfach Spaß!

Bestimmte Merkmale von Accessoires fallen einem sofort ins Auge, egal, an welcher Stelle du sie platzierst:

- helle, warme Farben wie Gelb, Rot, Orange und Gold
- große Muster
- funkelnde und glänzende Details
- mädchenhafte Details

Mit Accessoires kannst du sofort die Aufmerksamkeit auf die Stellen lenken, wo du sie haben willst. Trag sie also dort, wo du deine Vorzüge siehst:

Hast du eine tolle Haarpracht? Dann verschönere sie noch mit Haarspangen oder -clips und ausgefallenen Schals oder Tüchern.

Du hast eine schmale Taille? Betone sie mit einem tollen Gürtel!
Deine Arme sind besonders durchtrainiert? Mit hippen Armbändern kannst du sie voll zur Geltung bringen! Du hast einen wohlgeformten Hals? Perfekt für Halsketten! Schöne Beine? Das schreit nach Hingucker-Schuhen und perfekten Strümpfen!

Schreibe hier deine besten Merkmale auf:

....

....

....

....

Lass deiner Fantasie freien Lauf und überleg, mit welchen Accessoires du deine von Gott gegebenen körperlichen Vorzüge noch mehr zur Geltung bringen kannst. Schreib deine Ideen hier auf:

....

....

....

....

Gibt es Merkmale, die dir an dir momentan nicht so sehr gefallen? Hier solltest du natürlich mit optischen Hinguckern zurückhaltend sein (wichtig ist aber, dass du lernst zu akzeptieren, dass Gott dich genau so gemacht hat, wie du bist, und dass du perfekt bist in seinen Augen):

• Dir sind deine abstehenden Ohren peinlich? Auffällige Ohrringe sind dann eher nicht so passend.

• Du hast das Gefühl, deine Hüften sind wahnsinnig breit (obwohl sie das wahrscheinlich gar nicht sind)? Dann betone sie nicht zusätzlich mit einem Gürtel oder Tuch.

- Deine Fingernägel würdest du am liebsten ständig verstecken? Dann zieh keine Ringe an (außer wenn du Kapitel vier schon gelesen und dir zu Herzen genommen hast).

Vergiss nicht, auf ein glaubwürdiges Styling zu achten, eins, das individuell zu dir passt. Dann hast du deinen persönlichen Stil gefunden. Im Folgenden findest du ein paar Vorschläge, aber deiner eigenen Fantasie sind natürlich keine Grenzen gesetzt.

Sportlicher Look: Schildkappen, Visorcaps, Schmuckanhänger von deiner Lieblingsmannschaft beim Sport, Schultertaschen aus Leinwand, coole Rucksäcke, die stylischsten Socken, die du finden kannst, Turnschuhe.

Egal, welche Klamotten und Accessoires du tragen willst, stell dir bei jedem Teil die Frage: Würde Gott es mögen, mich so zu sehen? Würde es ihm wirklich gefallen, wenn ich so viel Haut zeige an Stellen, die normalerweise intim sind? Wäre er glücklich über T-Shirts mit respektlosen Sprüchen? Will er, dass ich aufgedonnert in einem Outfit herumlaufe, das mich um Jahre älter wirken lässt? Wenn deine Mutter sagt, dass deine Jeans zu tief sitzt und dein Top zu viel Bauch zeigt, hat sie all diese Fragen im Hinterkopf. Versuch mal, dich schon vorher damit auseinanderzusetzen, bevor von ihr wieder der Spruch kommen muss: »Also, SO gehst du mir nicht aus dem Haus!«

Klassischer Look: elegante Mützen, Wollschals, Handschuhe, einfacher Schmuck, Handtäschchen passend zu den Schuhen, fröhliche Details an Gürteln, Knöpfen und Socken.

Romantischer Look: Sonnenhüte, flauschige Wintermützen mit dazu passenden Schals und Handschuhen, zierlicher Schmuck (so viel du magst), Schleifchen, Bänder, glitzernde Handtäschchen.

Kreativer Look: Baskenmützen, Schiebermützen, klobiger Schmuck, massenweise Gürtel und Schals, ausgefallene Handtaschen, bunte Schuhe.

Gibt es bei euch zu Hause oft Streit, weil du gerne Klamotten hättest, die deine Eltern dir nicht kaufen wollen? Wenn du die folgenden Tipps beachtest, kann sich das ändern. Eines Tages hast du dein eigenes Geld und kannst dir deine Kleidung selbst aussuchen, die du dir kaufen willst. Diese Vorschläge können dir also auch für dein zukünftiges Shopping eine Hilfe sein:

- Lege zusammen mit deinen Eltern einen Betrag fest, den du ausgeben kannst. Versuch nicht, sie dazu zu überreden, mehr auszugeben, als ihnen möglich ist. Du weißt doch ungefähr, wie es bei euch zu Hause um die Finanzen bestellt ist. Wäre es dann fair, deine Mutter um ein paar teure Jeans anzubetteln, wenn du genau weißt, wie knapp das Geld bei euch ist? Wenn du gar nicht damit klarkommst, kannst du versuchen, dir selbst ein wenig Geld zu verdienen, damit du dir die Sachen kaufen kannst. Du wirst sehen, wenn du für dein neues Must-have dein eigenes Geld lockermachen musst, willst du es vielleicht gar nicht mehr unbedingt haben.
- Frag deine Eltern, welche Klamotten du dir auf keinen Fall kaufen darfst. Meide dann einfach die entsprechenden Regale im Laden. Deine Eltern werden beeindruckt sein von deinem reifen Verhalten!
- Kauf dir nur Klamotten, die auch mit deiner jetzigen Garderobe gut zusammenpassen. Wenn du neue Farben haben willst, achte darauf, dass du sie mit deinen anderen Sachen kombinieren kannst.

- Hast du ein trendiges Teil gesehen, das du unbedingt haben willst? Dann mach deinen Eltern den Vorschlag, es in einem weniger teuren Geschäft zu kaufen. Wenn du es dann nämlich nur so lange trägst, bis es wieder out ist (bis ungefähr Ende nächsten Monats), hast du eine Menge Geld gespart.

- Denk dran, es ist besser, nur ein paar wenige gute und gut sitzende Kleider zu haben als einen ganzen Kleiderschrank voller Sachen, die dir nicht wirklich stehen. Du weißt ja, mit ein paar schönen Accessoires kannst du ganz unterschiedliche Outfits zaubern. Und überhaupt, wer hat denn gesagt, dass du jeden Tag etwas anderes anziehen musst? Was dir diese Woche gut stand, wird dir auch noch nächste Woche gut stehen!

Du hast in nächster Zeit keine Shoppingtour in Aussicht? Wirf doch mal einen Blick in deinen Kleiderschrank, und sieh nach, was er zu bieten hat.

- Sortiere alle Kleidungsstücke in zwei Stapel:
  - Sachen, die dir nicht mehr passen oder noch nie gepasst haben und für die du dich höchstwahrscheinlich nie mehr begeistern wirst. Frag deine Eltern, ob du sie in die Altkleidersammlung (oder deiner kleinen Schwester) geben kannst.

- Sachen, die dir noch passen und die – auch farblich – zu deinem Stil und deinem Körpertyp passen.
- Nimm jedes Teil aus letzterem Stapel in die Hand. Aber bevor du es zurück in den Schrank legst, mach dir folgende Gedanken:
- Überleg dir, welche Sachen aus dem Stapel dazu passen.
- Leg Teile in unterschiedlichen Farben nebeneinander, und nutze Accessoires, um Farben und Teile zu kombinieren. (Eine lilafarbene Hose passt mit einem gelben Top zusammen, wenn du sie mit einem Armband in Lila und Gelb kombinierst.)
- Wenn du ein Teil findest, das dir nicht mehr so recht gefällt, versuch, es mit einem anderen zu kombinieren, damit es ganz deinem Stil entspricht. (Der romantische pinkfarbene Rock ist vielleicht nicht mehr ganz dein Ding, aber mit einer Jeansjacke und einem Paar (sauberer) Turnschuhe hast du ruckzuck ein sportliches Outfit kreiert!)
- Falls du jetzt den Spaß am Kombinieren von Kleidungsstücken entdeckt hast, schreib dir die Kombinationen auf Karten, die du dir dann zur Hand nehmen kannst, wenn du dich anziehen willst. (Du kannst auch Karten in unterschiedlichen Farben nehmen, um daran verschiedene Outfits schneller zu erkennen: z. B. pink für schicke Anlässe, gelb für die Schule usw.) Falls dir auch nur beim Gedanken daran die Haare zu Berge stehen und dir das alles zu kompliziert ist, leg dir die Teile, die zusammenpassen, einfach so in den Kleiderschrank, dass du sie beim Anziehen nicht erst suchen, sondern nur noch nach dem gesuchten Outfit greifen musst.

JETZT KANN'S LOSGEHEN!

Die folgende Aufgabe hilft dir, bei deinen Traum-Outfits die richtige Richtung zu finden. (Gemeinsam mit einer Freundin macht das noch mehr Spaß!)

Schritt 1: Such dir ein paar Zeitschriften und Kataloge zusammen, in denen Mädchen in deinem Alter abgebildet sind. Falls du besonders künstlerisch veranlagt bist, kannst du dir auch Zeichenmaterial bereitlegen.

Schritt 2: Such dir Bilder von Kleidungsstücken aus – oder zeichne sie –,

• die zu deinem Stil passen (sportlich, klassisch, romantisch, kreativ);
• die zu deiner Körperform passen (mittelgroß bis groß und schlank; klein und zierlich; mittelgroß bis groß und kurvig; klein und knuddelig);
• die deine natürliche Haarfarbe und deinen Hauttyp noch betonen (rote Haare und helle Haut; blonde Haare und helle Haut; blonde Haare und dunkle Haut; dunkle Haare und helle Haut; dunkle Haare und dunkle Haut);
• die du für dein Alltagsleben brauchst (Schulklamotten, schickere Sachen, Sachen zum Spielen, Outfits für besondere Aktivitäten).

Schritt 3: Stell die Bilder so zusammen, wie es dir am besten gefällt. Hier einige Vorschläge:

• Stell dir ein Sammelalbum zusammen.
• Fertige eine Collage an.
• Kleb die Bilder auf farbige Karteikarten und leg sie in einem Karteikasten ab.
• Hefte sie an eine Pinnwand.

Schritt 4: Schau dir immer mal wieder deine Traum-Outfits an, und freu dich darüber, wie einzigartig und schön du bist. Gott hat es gern, wenn du das tust.

MEINE NOTIZEN

Wenn ich mir meine Traum-Outfits ansehe,
sehe ich vor mir ein Mädchen, das …

....

....

....

....

....

....

....

....

....

Kapitel 7:

BEAUTY-FLOPS

Betty ließ sich in ihren Stuhl sinken. Sie saß im Sprechzimmer beim Arzt und hielt nur mit Mühe die aufsteigenden Tränen zurück.

Noch vor einer Stunde hatte sie zu Hause vor dem Spiegel gestanden und sich gefreut. Sie war nicht nur glücklich, weil sie endlich das Gefühl hatte, sie selbst zu sein. Sie fühlte sich einfach nur großartig! Nach dem Besuch beim Augenarzt wollte sie mit ihrer Mutter shoppen gehen und vielleicht die neuen Sandalen kaufen, auf die sie gespart hatte. Danach stand ein Büchereibesuch auf dem Plan. Dort wollte Betty sich ein Buch ausleihen. Und danach …

Wieder versuchte Betty mit aller Gewalt, die Tränen zurückzuhalten, damit sie vor dem Arzt und ihrer Mutter nicht laut losheulte. Die beiden sprachen gerade über ihre neue Brille.

Eine Brille! Endlich war sie so weit, dass sie sich selbst mochte, und jetzt musste sie sich so ein Gestell aufsetzen, mit dem sie ausehen würde wie eine Eule. Sie konnte schon die blöden Kommentare von ihren Klassenkameraden hören. Julian würde sagen: »Na, du Brillenschlange, muss ich dich jetzt ›Frau Professor‹ nennen?« Die Mädchen, die sie ärgern wollten, würden verächtliche Bemerkungen machen, wie: »Oh Mann, wie siehst du denn aus? Warum hast du dir denn keine Kontaktlinsen geben lassen?« Und ihre Freundinnen würden versuchen, sie zu trösten: »So schlimm sieht es doch gar nicht aus, Betty. Ehrlich! Du bist trotzdem noch total hübsch!« *Klar*, dachte Betty kläglich. *So hübsch wie ein Waschbär.*

Sie rutschte noch tiefer in ihren Stuhl. Auf das Schuhgeschäft und die Bücherei hatte sie nun überhaupt keine Lust mehr. Sie wollte einfach nur noch nach Hause und ihren Kopf unter dem Kissen verstecken.

TESTE DICH!

Hier findest du ein paar »Beauty-Flops«, die für manche Mädchen der absolute Horror sind. Nimm dir einen Stift und sieh dir die »Flops« auf der Liste an.

Kreuze die Merkmale an, die auf dich zutreffen. Kreise dann die Bemerkung ein, die am besten beschreibt, wie du dich damit fühlst.

○ **Brille**
  a) Ich hasse sie.
  b) Ich hab kein Problem damit.
  c) Sie steht mir echt gut!
  d) Ich merke gar nicht mehr, dass ich eine trage.

○ **Zahnspange**
  a) Ich zähle die Tage, bis ich sie endlich loswerde.
  b) Meistens macht es mir nichts aus.
  c) Ich find's cool, eine Zahnspange zu haben.
  d) Na und, dann hab ich eben eine.

○ **Ich bin sehr groß.**
  a) Ich komme mir vor wie eine Giraffe.
  b) So schlimm ist es gar nicht.
  c) Wo ist das Problem? Große Mädchen können fast alles anziehen und sehen damit auch noch gut aus!
  d) Wen juckt das schon?

○ **Ich bin groß und schwer.**
  a) Es ist total peinlich, wenn man so riesig ist.
  b) Ich weiß nicht – wahrscheinlich bin ich einfach so.
  c) Ich habe noch so viele andere liebenswerte Eigenschaften.
  d) Na und?

○ Narben, Muttermale oder Leberflecken, vor allem im Gesicht
  a) Am liebsten würde ich nur noch mit einer Tüte über dem Kopf herumlaufen.
  b) Leute, die mich kennen, gewöhnen sich daran.
  c) Ich bin einzigartig!
  d) Ich habe bis gerade eben gar nicht mehr daran gedacht.

○ Ein anderes körperliches Merkmal, das mich bei anderen zur Zielscheibe von Hänseleien macht.
  a) Wenn ich achtzehn bin, lass ich mir eine Schönheits-OP machen.
  b) Egal. Irgendwann werden die Leute, die blöde Kommentare abgeben, älter. Dann hören sie von alleine damit auf.
  c) Ich habe das geerbt und ich bin stolz darauf!
  d) Ich versteh überhaupt nicht, warum die mich ärgern.

Wenn keins dieser Merkmale auf dich zutrifft, lies trotzdem weiter. Jedes Mädchen hat irgendeine Eigenschaft oder ein Merkmal, das ihr in irgendeiner Weise zu schaffen macht. Außerdem lernst du in diesem Kapitel, wie du einer Freundin helfen kannst, die vielleicht im Moment mit einem »Beauty-Flop« zu kämpfen hat.

Wenn du a) angekreuzt hast, macht dir etwas ziemlich zu schaffen, nicht wahr? Die Menschen können ganz schön gemein sein, und wie wir bereits festgestellt haben, können verschiedene Einflüsse von außen dich glauben lassen, dass du perfekt sein musst. Während du in diesem Buch weiterliest und nach einer Lösung suchst, denk immer daran, dass du bereits schön *bist* und jeden Tag noch schöner wirst.

Wenn du b) angekreuzt hast, lässt es dich ziemlich kalt, was andere als »Flop« bezeichnen. Aber wäre es nicht toll, wenn deine »besonderen Merkmale« zu deinen »Markenzeichen« würden? Lies weiter, und du findest heraus, wie das geht.

Wenn du c) angekreuzt hast, könnte dieses Kapitel aus deiner Feder stammen! Du hast die richtige Denkweise. Auf den kommenden Seiten wirst du entdecken, wie du deine Einzigartigkeit noch mehr genießen und andere Mädchen zur selben Denkweise ermutigen kannst. Du kannst etwas bewirken!

Wenn du d) angekreuzt hast, siehst du diese Merkmale überhaupt nicht als Problem an. Das ist total cool. Dieses Kapitel ist eigentlich für dich ziemlich überflüssig, aber es kann dir helfen zu verstehen, warum andere Mädchen sich so aufregen. Wenn du ein Mädchen kennst, das Probleme mit seiner Zahnspange hat, wäre das Letzte, was du tun solltest, ihm zu sagen: »Find dich einfach damit ab!« Aber wenn du weiterliest, entdeckst du sicher ein paar Tipps, wie du ihm helfen kannst, sich tatsächlich damit abzufinden – ohne dass du das Mädchen als Freundin verlierst!

INFO-ECKE

Egal, welche Buchstaben du bei dem Test angekreuzt hast, jeder von uns muss die folgenden drei Dinge im Leben lernen:

- Erkenne, was *du* ändern kannst und was nicht.
- Finde heraus, was zu ändern ist oder zumindest, wie du dein Merkmal zu deinem Vorteil nutzen kannst.
- Lerne, wie du etwas akzeptieren kannst, das sich nicht ändern lässt, und vielleicht sogar, wie du gut damit klarkommen kannst.

Nehmen wir zum Beispiel an, du hast eine Nase, die in deinen Augen die größte im ganzen Universum ist. Andere nennen dich ständig »Pinocchio« und du würdest ihnen dafür am liebsten eine scheuern. Denk mal über die drei folgenden Fragen nach.

Kann ich etwas daran ändern? Nur mithilfe von plastischer Chirurgie, und das kommt in deinem Alter noch nicht infrage.

Außerdem, wer weiß, vielleicht fällt das später, wenn dein Gesicht die endgültigen Proportionen angenommen hat, gar nicht mehr auf. *Was kann ich tun, damit ich damit besser aussehe?* Trag deine Haare mit Seitenscheitel, und achte darauf, dass sie oben am Kopf nicht zu eng anliegen. Such dir Klamotten und Accessoires aus, die deine Augenfarbe betonen. *Wie kann ich meine Nase akzeptieren und besser damit klarkommen?* Wahrscheinlich handelt es sich um ein genetisches Merkmal, also sei stolz darauf. Anstatt deine Nase als »fetten Zinken« zu bezeichnen, such dir eine andere Beschreibung. Siehst du adelig damit aus? Oder überzeugend? Drollig? Königlich? Behalte diese Beschreibung im Gedächtnis; das wird alles verändern. Vor allem dann, wenn sich mal wieder jemand für besonders schlau hält und dich zum fünfundvierzigsten Mal Pinocchio nennt.

Na, geht dir ein Licht auf? Lass uns mal sehen, wie du mit den größten »Beauty-Flops« umgehen kannst und wie du es schaffst, deine Schönheit damit noch mehr zur Geltung zu bringen.

Brille

Kann ich etwas daran ändern? Nicht, wenn du dir nicht deine Sehkraft ruinieren willst. Es sieht nicht besonders schön aus, wenn du deine Augen zusammenkneifen musst, damit du gut siehst. *Was kann ich tun, damit ich besser damit aussehe?* Nimm dir genug Zeit, verschiedene Gestelle auszuprobieren, die dir gefallen und dir gut stehen. Für jede Person gibt es eine passende Form, Farbe und den individuell besten Look. Bitte die Angestellten beim Optiker, dir beim Aussuchen behilflich zu sein. Falls du gerne Kontaktlinsen hättest, solltest du bedenken, dass sie eine gute Pflege brauchen und schnell verloren gehen und das manche Leute sich nur schwer daran gewöhnen können. Deshalb solltest du damit warten, bis du etwas älter bist. *Wie kann ich sie akzeptieren und besser damit klarkommen?* Denk dran, durch die Brille hast du weniger Kopfschmerzen und bekommst möglicherweise bessere Noten, weil du besser sehen kannst! Mit einer Brille sieht man außerdem intelligenter aus. Wenn du sie geschickt in dein Styling einbindest, werden die Leute bald sagen: »Du siehst viel besser mit Brille aus als ohne.«

Zahnspange

Kann ich etwas daran ändern? Wahrscheinlich nicht, besonders dann nicht, wenn du wirklich Probleme mit deinen Zähnen und deinem Kiefer hast. Das könnte sonst nämlich deiner Gesundheit schaden (vom Aussehen mal ganz zu schweigen).

Was kann ich tun, damit ich besser damit aussehe? Wusstest du schon, dass es die Zahnspangen und Gummibänder in verschiedenen Farben, nicht nur in Transparent und in Silber gibt? Ist das nicht cool? Du kannst sie nicht verstecken, warum bringst du sie dann nicht bewusst zur Geltung? Um sie so schnell wie möglich wieder loszuwerden (sie muss durchschnittlich zweieinhalb Jahre getragen werden), solltest du dir regelmäßig gründlich die Zähne putzen und Zahnseide benutzen.

Wie kann ich sie akzeptieren und besser damit klarkommen? Deine Zähne werden einfach umwerfend aussehen, wenn du die Zahnspange nicht mehr brauchst, und so wirst du für den Rest deines Lebens aussehen! Ganz bestimmt bist du nicht allein damit. Wie viele Mädchen in deiner Klasse haben eine Spange – und sehen trotzdem hinreißend aus? Das Beste, was du tun kannst, ist, jedem dein breites Lächeln zu zeigen. Das wird den anderen mehr im Gedächtnis haften bleiben als deine Zahnspange.

Ich bin sehr groß.

Kann ich etwas daran ändern? Keine Chance!

Was kann ich tun, damit ich besser aussehe? Kannst du dich noch an die Vorschläge in Kapitel 6 erinnern, wo es um die passenden Outfits für verschiedene Körpertypen geht? Mit dem richtigen Outfit bist du dann zwar noch genauso groß, kannst dadurch aber optisch kleiner wirken.

Wie kann ich meine Größe akzeptieren und besser damit klarkommen? Wenn man groß ist, gibt es fast keine Nachteile – und jede Menge Vorteile. Du kannst fast alles anziehen. Große Frauen werden oft automatisch mehr respektiert und von anderen als Anführer oder Leiter akzeptiert. Es dauert nicht mehr lange, dann hörst du sowieso auf zu wachsen, und wenn dann deine Proportionen ausgeglichen sind, wirst du dich auch nicht mehr so schlaksig fühlen. In der Zwischenzeit kannst du lernen, Basketball und Volleyball zu spielen. Freu dich über die vielen Möglichkeiten, die du hast. Und was am wichtigsten ist: Sei selbstbewusst und achte auf eine aufrechte Körperhaltung!

Ich bin groß und schwer.

Kann ich etwas daran ändern? An der Tatsache, dass du schwere Knochen und einen kräftigen Körperbau hast, kannst du nichts ändern. Du kannst zwar darauf achten, dass du kein Übergewicht ansetzt, aber mager wirst du wahrscheinlich nie werden. (Es würde ja auch komisch aussehen, wenn du auf deinen kräftigen Knochen kein Fleisch hättest!)

Was kann ich tun, damit ich trotzdem besser aussehe? Geh noch mal zurück zu Kapitel 6, und lies nach, mit welchen Outfits du dein Aussehen etwas weicher wirken lassen kannst. Achte auf eine gesunde Ernährung und verzichte auf ungesundes Essen und Fast Food. Such dir eine oder mehrere Sportarten aus, die dir Spaß machen, und trainiere mindestens dreimal pro Woche.

Wie kann ich mein Aussehen akzeptieren und besser damit klarkommen? Du bist stark und kräftig. Das sieht toll aus! Mach viel Sport. Andere, die kleiner und zierlicher sind als du, scheinen zu Leuten wie dir oft mehr Vertrauen zu haben. Sei ein Fels für deine Freunde! Fühl dich wohl in deiner Haut. Du kannst einen Unterschied bewirken, weil du mit deiner Figur nie von anderen übersehen wirst. Freu dich des Lebens!

Narben, Muttermale und Leberflecken, vor allem im Gesicht
Kann ich etwas daran ändern? Manchmal ja. Normalerweise musst du zu einem Arzt gehen, wenn du sie entfernen lassen oder ihr auffälliges Aussehen abmildern willst. Sprich offen mit deinen Eltern darüber, wie du dich fühlst.

Was kann ich tun, damit ich trotzdem besser aussehe? Wenn du versuchst, Muttermale oder Leberflecken mit irgendwelchen Mittelchen abzudecken, ziehst du normalerweise noch mehr die Aufmerksamkeit darauf. Bei Narben kannst du deine Mutter fragen, ob sie dir einen Abdeckstift gibt. Er sollte einen gelblichen Farbton haben (nicht babyrosa oder pink).

Wie kann ich sie akzeptieren und besser damit klarkommen? Betrachte sie einfach als ein Merkmal, das deinem Gesicht mehr Charakter gibt. Viele Models behalten ihr Muttermal als Markenzeichen (und bezeichnen es als Schönheitsmal). Denk nur mal an Marilyn Monroe oder Cindy Crawford. Eine Narbe ist der Beweis, dass du es geschafft hast, eine schmerzhafte Situation durchzustehen. Konzentrier dich auf deine anderen hübschen Merkmale. Wenn dich jemand anstarrt, frag einfach, ob du irgendwie behilflich sein kannst. Denk dran, dein Umgang mit deinen besonderen Merkmalen ist eine Fußspur, die du in deinem Leben hinterlässt.

FRAG DOCH MAL GOTT!

Selbst wenn du eigentlich zufrieden mit deinem Aussehen bist und eine gute Einstellung hast, gibt es manchmal Leute – auch Erwachsene –, die es einfach nicht lassen können, ständig irgendwelche Bemerkungen über deine Brille, deine Windpocken-Narben oder deine roten Pausbacken zu machen. Das ist peinlich. Das kann einen rasend machen. Am liebsten würdest du sie deshalb genauso bloßstellen und sie an ihre Warze, die vorstehenden Zähne oder die Glatze erinnern.

Aber bevor du ihnen irgendwelche Beleidigungen entgegenschleuderst oder tränenaufgelöst ins Badezimmer flüchtest, versuch erst einmal, an Folgendes zu denken: Wenn dich jemand wegen eines »Makels« hänselt, sagt das mehr über seinen (oder ihren) Charakter aus als über dich. Ein Mund mit Zahnspange oder ein Gesicht mit Sommersprossen sagt nichts über die Person selbst. Aber eine ungehobelte Bemerkung aus dem Mund einer Person verrät, dass diese Person eine oder mehrere der folgenden Eigenschaften besitzt:

- lieblos
- rücksichtslos
- unsensibel
- eifersüchtig
- braucht das Gefühl, besser zu sein als du
- einfach nur gemein

Was bedeutet das also für dich? Hier hat Gott noch ein paar hilfreiche Tipps für dich:

»Wer einen Spötter zurechtweist, bekommt eine scharfe Antwort« (Sprüche 9,7).
– Diskutiere nicht mit anderen, die dich ärgern, sonst ärgern sie dich noch mehr.

»Wird ein Dummkopf gekränkt, macht er seinem Ärger sofort Luft; der Kluge beherrscht sich, wenn er bloßgestellt wird« (Sprüche 12,16; Hfa).
– Ignoriere es, wenn du gehänselt wirst. Lass dir auf keinen Fall anmerken, dass du gekränkt bist. (Aber es ist okay, wenn du weggehst und weinst, wenn dir danach zumute ist.)

»Vergeltet Böses nicht mit Bösem. Werdet nicht zornig, wenn die Leute unfreundlich über euch reden, sondern wünscht ihnen Gutes und segnet sie« (1. Petrus 3,9).

– Versuch nicht, es dem andern mit Beleidigungen heim-zuzahlen. Zeig dich von deiner besten Seite, mach ihr oder ihm ehrliche Komplimente, sei hilfsbereit und weigere dich, hinter dem Rücken schlecht über den andern zu reden.

»Liebt eure Feinde! Betet für die, die euch verfolgen« (Matthäus 5,44).
– Bitte Gott, dass er die Verletzungen heilt, die den andern dazu bringen, dich zu ärgern, bis es wehtut. Vielleicht ändert sich der andere nicht, aber du. Es ist schwer, jemanden zu hassen, für den man betet.

JETZT KANN'S LOSGEHEN!

Nimm dir ein richtig großes Stück Papier (von einer Tapetenrolle oder einer Party-Tischdecke aus Papier). Breite es aus und leg dich darauf. Bitte jemanden, deine Umrisse darauf zu malen. Falls du keine so große Papierrolle findest, kannst du auch das größte Stück Papier nehmen, das du findest, und darauf eine ungefähre Skizze von deinen Umrissen malen.

Zeichne jetzt mit Filzstiften, Malkreide oder Buntstiften in dei-nen Lieblingsfarben alle Merkmale ein, die dir an dir gefallen oder über die du dir normalerweise keine Gedanken machst. Schwarz ist dabei nicht erlaubt. Versuch, deine Schönheit so gut wie mög-lich aufs Papier zu bringen.

Nimm jetzt einen schwarzen Stift, und zeichne ein, was dir nicht so gut an dir gefällt.

Jetzt sieh dir das fertige Bild an. Sind es nicht viel mehr bunte Farben als Schwarz? Selbst wenn du ein paar »Makel« an dir fest-stellst, sind sie *nichts* im Vergleich zu deinen schönen Seiten!

MEINE NOTIZEN

Beim Einzeichnen meiner Merkmale habe ich Folgendes herausgefunden:

....

....

....

....

....

....

....

....

....

....

....

....

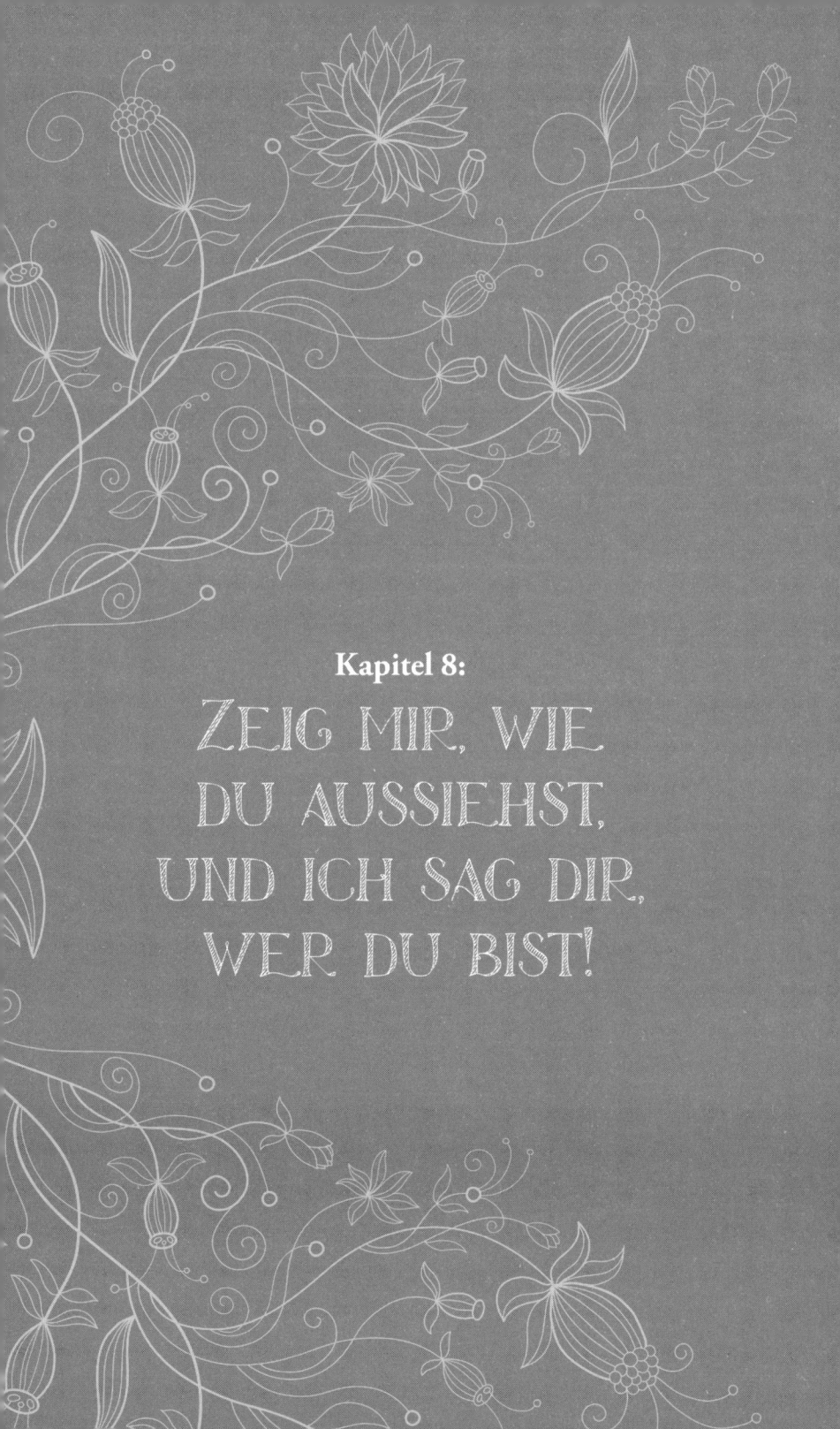

Kapitel 8:

ZEIG MIR, WIE DU AUSSIEHST, UND ICH SAG DIR, WER DU BIST!

Als Betty im Biologiesaal ihre Jacke auszog, schrie Mia auf. Anna rang nach Luft. Julian fragte verblüfft: »Alter, ist das echt?«

Betty warf einen Blick auf das unechte Schmetterlings-Tattoo, das sie sich an diesem Morgen auf die Schulter geklebt hatte. »Findet ihr denn, dass es echt aussieht?«, fragte sie.

Julian kniff die Augen zusammen. »Nee, das ist bloß so'n Aufkleber.«

»Deine Eltern würden es nie erlauben, dass du dich tätowieren lässt!«, warf Mia ein. Das Entsetzen stand ihr immer noch im Gesicht.

Julian grunzte: »Schade. Ich finde, es sieht irgendwie cool aus.«

Betty spürte, wie ihr die Wärme ins Gesicht stieg, und sie lächelte insgeheim. Noch nie hatte jemand gesagt, dass irgendetwas an ihr cool war.

Ob das der Grund ist, warum sich manche Leute tätowieren lassen?, fragte sie sich verwundert.

Info-Ecke

Man muss nicht lange suchen, wenn man ein Mädchen im »Bad-Girl-Look« sehen will. Du weißt schon, das sind Mädchen mit

- Piercings an Nase, Zunge, Lippen, Augenbrauen und allen möglichen Stellen;
- Tätowierungen;
- Klamotten, die deutlich zu verstehen geben: »Mir ist egal, wer du bist – du hast mir gar nichts zu sagen.«;
- Accessoires, die Ausdruck von Sexualität und Gewalt sind, wie zum Beispiel Halsketten mit Totenköpfen, Patronen-Gürtel, Bauchnabel-Piercings (die mit Stolz präsentiert werden).

Meistens sieht man diesen Look bei Teenagern und jungen Erwachsenen. Aber heute sieht man sie auch schon bei jüngeren Mädchen – auch bei Mädchen in deinem Alter. Warum ist das so?

Die Gründe für Tattoos und Piercings sind wahrscheinlich genauso zahlreich und unterschiedlich wie die Leute, die sie tragen. Hier sind die Hauptgründe, warum sich manche gerne ganz in Schwarz kleiden oder jede freie Stelle am Ohr piercen lassen:

- »Ich will anders sein als die anderen.«
- »Mein Körper gehört mir, und ich habe das Recht, damit zu machen, was ich will.«
- »Das ist meine Art zu zeigen, wie leid ich es bin, dass mir jeder vorschreiben will, wie ich zu sein habe.«
- »Ich finde es krass, die Leute abzuschrecken, besonders Erwachsene, die versuchen, mich zu kontrollieren.«
- »Wenn jemand mein wahres Ich kennenlernen will, darf er mich nicht nach meinem Aussehen beurteilen. Wer das tut, mit dem will ich sowieso nichts zu tun haben.«
- »Ich will, dass die Leute mich beachten.«

Was ist falsch daran? Ist in diesem Buch nicht schon die ganze Zeit die Rede davon, dass wir unsere Einzigartigkeit auch ausleben sollen? Dass wir mit unserer Kleidung zeigen sollen, wer wir sind?

Dass wir uns keine Gedanken darüber machen sollen, was andere über uns denken?

Du hast recht. Das sollen wir. Aber wenn du dir die Gründe für einen »Bad-Girl-Look« einmal genauer ansiehst, wirst du erkennen, worin sie sich unterscheiden von dem, was du bisher in diesem Buch gelesen hast.

»Ich will anders sein als die anderen.«
Das ist völlig normal. Aber wenn alle deine Freunde oder die Hälfte deiner Klasse plötzlich ihre Haare grün färben und Piercings an den Augenbrauen tragen, worin unterscheidet ihr euch dann? Deine Andersartigkeit einfach nur mit einem neuen »Look« auszudrücken, ist nicht besonders kreativ.

»Mein Körper gehört mir, und ich habe das Recht, damit zu machen, was ich will.«
Erstens hast du dieses »Recht« tatsächlich erst dann, wenn du mindestens 18 bist und für dich selbst sorgen kannst. Außerdem dürfen bei uns in Deutschland Teenager erst ab einem Alter von 16 Jahren gepierct werden. Unter 16 Jahren ist es laut Gesetz verboten – auch mit Einverständniserklärung der Eltern. Zwischen 16 und 18 ist es möglich, ein Piercing zu bekommen, wenn man eine schriftliche Einverständniserklärung der Eltern mitbringt. Vielen Tätowierern reicht allerdings so eine Erklärung nicht aus; es wird verlangt, dass ein Elternteil bei der Sitzung anwesend ist. Wenn du 18 bist, darfst du dann tun und lassen, was du willst. Alles andere ist illegal. Solltest du trotzdem zu einem unseriösen Piercing-Studio gehen, wo diese Regeln missachtet werden, kann das für dich gefährlich werden. Mit ziemlicher Sicherheit wird dort nämlich nicht auf sauberes und steriles Arbeiten geachtet.

Wenn der Piercer mit unsauberen Instrumenten und Händen arbeitet, kannst du dir eine Infektion einfangen. Das ist garantiert nicht lustig, vor allem nicht in der Nase oder im Mund!

Bei einer Tätowierung werden mithilfe einer Hohlnadel Farbpigmente in die Haut eingebracht (Autsch!). Wenn die Nadel nicht absolut frei von Bakterien ist, kann durch sie Hepatitis und sogar Aids übertragen werden. Das ist das Risiko einfach nicht wert!

Auch wenn du dir das sauberste Piercing-Studio der Welt ausgesucht hast, birgt das Piercen noch andere Risiken:

- Einen Zungenring oder -stecker kann man leicht verschlucken.
- Ein Bauchnabel-Piercing kann sich allein durch das Reiben an der Jeans oder den Knöpfen an deinem Shirt entzünden.
- Wenn du mit deinem Ring irgendwo hängen bleibst und dieser herausgerissen wird, ist das eine sehr schmerzhafte Angelegenheit (und eine blutige noch dazu!).
- Durch eine allergische Reaktion kann auf deiner Haut eine Art »Ring« zurückbleiben – wie bei einem Tattoo –, der dann eventuell nicht mehr weggeht.
- Eine Infektion in deinem Ohrknorpel (nicht im Ohrläppchen) kann dazu führen, dass dein Ohr seine natürliche Form verliert und nachher ganz entstellt aussieht.

Abgesehen von all den hier beschriebenen Argumenten: Wem gehört dein Körper eigentlich wirklich? Darüber wirst du auf den nächsten Seiten noch mehr erfahren.

»Das ist meine Art zu zeigen, wie leid ich es bin, dass mir jeder vorschreiben will, wie ich zu sein habe.«

Eigentlich ist es eine ganz gesunde Einstellung, wenn du deine Einzigartigkeit zum Ausdruck bringen willst. Der Trick dabei ist nur, dass du erst einmal wissen musst, wer du eigentlich bist, und *das* dann nach außen hin zeigst – nicht deine Gefühle. Oder würdest du sagen, dass Bosheit dein wahres Ich ist? Oder Wut? Vielleicht hast du das Gefühl, dass dich niemand versteht, aber es gibt eine ganze Palette an Möglichkeiten, wie du damit klarkommen kannst, ohne dabei deine Gesundheit und deine Sicherheit aufs Spiel zu setzen oder sichtbare bleibende Spuren zu hinterlassen, die du später vielleicht bereust. Darauf gehe ich später noch näher ein.

Falls deine Eltern dir ein Ohrpiercing erlauben, wäre es doch cool, wenn du die Sache so handhaben würdest, wie es früher im Volk Gottes üblich war. Ein Diener, der seinem geliebten Herrn lebenslange Treue gelobte, ließ sich als Zeichen seiner Hingabe an ihn ein Ohrpiercing stechen. Dein Piercing als Symbol für deine Zugehörigkeit zu Gott zu betrachten, ist doch ein genialer Gedanke, oder? Achte aber darauf, dass das Piercing von einem Studio gemacht wird, das der EAPP (European Association for Professional Piercing; das ist der Europäische Berufsverband für professionelles Piercing) angehört. Pass auf, dass sich das Ohrloch nicht entzündet, und desinfiziere die Wunde und den Ohrstecker regelmäßig nach Anweisungen des Studios.

»Ich finde es krass, die Leute abzuschrecken, besonders Erwachsene, die versuchen, mich zu kontrollieren.«

Das wird dir vermutlich gelingen! Aber was hast du davon? Ist dir schon einmal aufgefallen, wie Lehrer mit solchen »auffälligen« Kindern und Teens umgehen? Oft haben sie sie ständig auf dem Kieker und sind immer bereit, ihnen eins auszuwischen. Viele Lehrer und andere Erwachsene geben Jugendlichen, die sie durch abstoßende Verhaltensweisen abschrecken wollen, keine zweite Chance mehr. Manchmal geraten solche »Rebellen« dann auch in Schwierigkeiten wegen Dingen, die sie gar nicht getan haben – einfach nur, weil man ihnen aufgrund ihres Aussehens bestimmte Taten zutraut. Das Leben kann auch so schon hart genug sein. Da muss man Schwierigkeiten nicht noch heraufbeschwören.

»Wenn jemand mein wahres Ich kennenlernen will, darf er mich nicht nach meinem Aussehen beurteilen. Wer das tut, mit dem will ich sowieso nichts zu tun haben.«

Was steckt hinter dieser Aussage? Der einzige Grund, warum du dir einen so auffälligen Stil ausgesucht hast, ist der, dass die Leute sehen sollen, wie du wirklich bist, und dich besser kennenlernen sollen. Wenn du es den anderen jedoch so schwer machst, in dein Inneres zu blicken, verschwendest du viel Zeit, die du besser in den Aufbau von Freundschaften investieren könntest. Ob dir das gefällt oder nicht: Wenn jemand einem Mädchen begegnet, das gemein oder respektlos wirkt, geht er oder sie davon aus, dass dieses Mädchen vom Wesen her auch so ist, selbst wenn das nicht der Wahrheit entspricht.

»Ich will, dass die Leute mich beachten.«
Jeder von uns möchte Aufmerksamkeit und das ist nicht immer schlecht. Wenn dich niemand beachtet, wirst du weder Freunde haben noch die Möglichkeit zu zeigen, was für ein wundervoller Mensch du bist. Aber du brauchst die *richtige* Art von Aufmerksamkeit.

Die richtige Art von Aufmerksamkeit erhältst du, wenn du so etwas wie Folgendes zu hören bekommst:

»Du bist etwas Besonderes.«

»Jemanden wie dich habe ich noch nie gekannt.«

»Ich bin gerne mit dir zusammen, weil ich mich vor dir nicht verstellen muss.«

In einem Kaufhaus würdest du dann zum Beispiel die folgende Reaktion beim Verkäufer auslösen: »Sieh dich erst einmal um, schau, was du möchtest, und sag mir Bescheid, wenn ich dir helfen kann.«

Die falsche Art von Aufmerksamkeit bekommst du, wenn Leute dir vermitteln:

»Mann, was willst du mir eigentlich beweisen?«

»Dich lade ich garantiert nicht zu meiner Party ein. Du siehst nicht gerade nett aus.« Oder: »Ich hab Angst vor dir.«

Falls du zu Hause keine positive Aufmerksamkeit bekommst, ist das natürlich nicht einfach für dich. Wenn das bei dir so ist, denkst du vielleicht, dass es besser wäre, Aufmerksamkeit dadurch zu bekommen, dass du provozierst. *Lieber negativ auffallen als gar nicht beachtet werden,* denkst du dir vielleicht. Aber das stimmt nicht. Gleich soll es darum gehen, wie du dein wahres Ich zeigen kannst, anstatt künstlich jemand zu sein, der du gar nicht bist. Zuerst aber schau dir einmal an, was dein extremes Verhalten auslöst, auch wenn es sich bisher vielleicht nur in deinen Gedanken abspielt.

TESTE DICH!

Kreuze den Abschnitt an, der deine Situation am besten beschreibt, auch wenn es nicht immer so ist. Wenn keine der Beschreibungen auf dich zutrifft, kreuze einfach nichts an.

○ **A**

Ich muss meine Eltern x-mal ansprechen, bevor sie mir endlich eine Antwort geben. Ich habe das Gefühl, dass sie meinen Bruder (oder meine Schwester) viel mehr loben als mich. Wenn ich etwas richtig mache, ist das einfach selbstverständlich. Aber wenn ich Mist baue, tun sie, als ob ich ein Verbrechen begangen hätte. Ich glaube, ich kann überhaupt nichts richtig gut. Jedenfalls hat mir das noch nie einer gesagt.

○ **B**

Manchmal habe ich das Gefühl, dass meine Familie mich überhaupt nicht richtig versteht. Ich kriege immer wieder zu hören: »Du bist deiner Schwester aber überhaupt nicht ähnlich (oder deiner Mutter oder einem anderen Familienmitglied).« Die Kinder in der Schule sehen mich an, als wenn mit mir etwas nicht stimmt. Meine Eltern versuchen ständig, mich zu verbiegen. Ich soll dieses tun und jenes lassen (zum

Beispiel weniger schüchtern, dafür aber sportlicher sein). Mir macht es eigentlich nichts aus, dass ich anscheinend anders bin als andere Leute, aber die andern scheinen ziemliche Probleme mit mir zu haben.

○ **C**

Ich darf mich nie in mein Zimmer zurückziehen. Wenn ich einfach mal allein sein will, werde ich sofort gefragt, ob mit mir etwas nicht stimmt, oder sie versuchen, mich irgendwie zu »integrieren«. Wenn ich anfange zu diskutieren, bekomme ich Ärger, und wenn ich etwas Neues ausprobieren will, kriege ich gesagt: »Dafür bist du noch zu jung.« Manchmal möchte ich allein Entscheidungen treffen, zum Beispiel, welche Frisur ich haben will oder was ich nach der Schule mache. Aber das darf ich nicht.

INFO-ECKE

Wenn du bei dem Test eine der Aussagen angekreuzt hast, kann es sein, dass du mit folgenden Gefühlen zu kämpfen hast:
- Ärger
- Frust
- Verletzung
- Groll
- Angst
- ständige Launenhaftigkeit

Auch wenn in Wirklichkeit nicht alles so schlimm ist, wie du denkst (die meisten Eltern machen schließlich einen wirklich guten Job), kann deine Sichtweise auf deine Familie dich so weit bringen, dass du manchmal am liebsten ins Kissen boxen, deinem Bruder an den

Hals springen oder irgendjemanden anschreien würdest, der gerade in deiner Nähe steht. Und diese Gedanken und Gefühle können dazu führen, dass du dich trotzig in dein »Bad Girl«-Outfit wirfst, dir einen Stecker in die Lippe steckst und deine Haare in den ausgefallensten Farben färbst. Und wenn es so weit gekommen ist, wirst du wahrscheinlich jedes Outfit und jede Frisur hassen, die deine Mutter dir vorschlägt – einfach aus Protest.

Tatsache ist aber, dass deine Gefühle sich nicht ändern werden, nur weil du in ein auffälliges Outfit schlüpfst und wild um dich schlägst. Das kann sogar alles noch viel schlimmer machen, weil die anderen sich jetzt auf dein Äußeres konzentrieren werden. Dadurch merken sie nicht mehr, wie schlecht es dir eigentlich geht und wie sie dir helfen können.

Warum solltest du also etwas tun, was sowieso nichts bringt? Lass uns jetzt gemeinsam herausfinden, was *wirklich* hilft.

Wenn du bei dem Test »A« angekreuzt hast, brauchst du wahrscheinlich mehr Aufmerksamkeit – nämlich die positive Art von Aufmerksamkeit, die dich zum Lächeln und zum Strahlen bringt. Die dich dazu bringt, *noch* hilfsbereiter, mutiger, freundlicher zu sein – oder was auch immer es war, das die Leute dazu gebracht hat, auf dich aufmerksam zu werden. Das bedeutet nicht, dass du dich jetzt in der Cafeteria auf den Tisch stellen und mit lauter Stimme in den Saal rufen sollst: »Seht her, was ich Tolles geleistet habe!« Nein, es bedeutet Folgendes:

- Gib dein Bestes bei dem, was du tust, und zwar deshalb, weil du es gern tust und nicht, weil du dir damit die Anerkennung der andern »erarbeiten« willst.
- Finde heraus, was andere an dir mögen. Ihnen gefällt die Art, wie du lächelst, wie gut du zuhören kannst oder die Tatsache, dass du nie über andere tratschst? Dann mach weiter so!
- Gib anderen die Art von Aufmerksamkeit, die du dir für dich selbst wünschst: Lob, Mitgefühl, ein herzhaftes Lachen.

- Wenn du dich von deinem Vater oder deiner Mutter in irgend-einer Weise vernachlässigt fühlst, jammere nicht herum und klage sie nicht an, sondern bitte sie einfach, mehr Zeit mit dir allein zu verbringen – selbst wenn es nur mal eine Stunde ist.
- Wenn du das Gefühl hast, dass es nichts gibt, was du richtig gut kannst, probier einfach Dinge aus, die dir Spaß machen und die dich interessieren. Hab so viel Spaß dabei, dass du gar keine Zeit hast, darüber nachzudenken, ob die anderen darauf achten, wie gut du darin bist (obwohl sie das wahrscheinlich tun).
- Denk dran, dass Gott dich sieht und sich immer mit dir über deine Erfolge freut. Er ist sofort für dich da, wenn du ihn brauchst. Du hast *seine* ungeteilte Aufmerksamkeit.

Wenn du bei dem Test »B« angekreuzt hast, hast du vielleicht da-mit zu kämpfen, dass andere dich nicht so akzeptieren, wie du bist. Oder du bist dabei herauszufinden, wer du eigentlich bist. Das bedeutet nicht, dass du bei allem, was du tust, von anderen hören willst: »So ist sie halt.« Vielmehr wünschst du dir eine innere Sorg-losigkeit, die dann eintritt, wenn du dir keine Gedanken mehr da-rum machen musst, ob die anderen dich für einen Streber halten, dich langweilig oder einfach nur komisch finden. Versuch es ein-mal mit folgenden Vorschlägen:

- Halte dich nicht bei Leuten auf, die sich über dich lustig ma-chen. Mach noch nicht einmal den Versuch, dich mit ihnen an-zufreunden.
- Finde mindestens eine Person, die deine besonderen Fähigkeiten und Interessen – deine tolle Büchersammlung, deinen riesigen Wortschatz, deine Vernarrtheit in Katzen usw. – wertschätzt. Lade sie zu dir ein, oder frag sie, ob sie in der Pause auf dem Schulhof mit dir spielen oder in der Schulkantine neben dir sit-zen möchte.
- Zeig deiner Familie oder deinen Klassenkameraden, dass die Ei-genschaften, die sie an dir verändern wollen, für sie zum Vorteil

sein können. Wenn sie dir vorwerfen, du seist zu still, dann hör ihnen gut zu, wenn sie ein Problem haben. Wenn sie behaupten, du seist so unsportlich, feuere sie an, wenn du ihnen am Spielfeldrand zusiehst, oder schreib ihnen eine aufmunternde Karte, wenn sie das Spiel verloren haben. Die Menschen, die dich lieben, werden anfangen, dich so zu akzeptieren, wie du bist, anstatt ständig zu versuchen, dich zu etwas zu bringen, was dich in ihren Augen glücklicher machen würde.

- Liebe dich so, wie du bist. Niemand ist anziehender als eine Person, die sich selbst angenommen hat.
- Denk dran, dass Gott dir deine Persönlichkeit gegeben hat. Er ist für dich da und hilft dir, so zu sein, wie er dich gemacht hat.

Wenn du bei dem Test »C« angekreuzt hast, wünschst du dir vielleicht, dass man dich einfach in Ruhe erwachsen werden lässt. Die Erwachsenen, die du kennst, merken das möglicherweise gar nicht, oder sie denken, dass du schneller erwachsen werden willst, als es gut für dich ist. Das ist vergleichbar mit einem Paar Schuhen, die dir viel zu eng sind, sodass dir die Zehen schon wehtun.

Natürlich sollst du die Grenzen, die die Erwachsenen dir setzen, nicht ignorieren, denn die brauchst du noch. Aber wenn du das Gefühl hast, wie ein Baby behandelt zu werden, kannst du Folgendes ausprobieren:

- Zeig den anderen die Reife, die für dein Alter angebracht ist: Mach deine Aufgaben zuverlässig, ohne dass man dich extra daran erinnern muss und ohne in der Schule durchzuhängen.
- Verhalte dich so vernünftig, dass andere überrascht von dir sind: Biete deiner Mutter an, auf deinen kleinen Bruder aufzupassen, damit sie solange ein Bad nehmen kann. Weigere dich, in der Schule ein Mädchen abzulehnen, das von den anderen ausgegrenzt wird. Gib etwas von deinem Taschengeld ab und leg es zum Beispiel sonntags in die Kollekte.

- Mach eine Liste von den Dingen, die nicht in deinem Entscheidungsbereich liegen – zum Beispiel, wann du abends ins Bett gehst, ob du zur Schule gehst oder nicht usw. Mach eine zweite Liste mit den Dingen, die du gerne selbst entscheiden würdest, natürlich innerhalb der Grenzen, die deine Eltern dir setzen. Das kann zum Beispiel deine Frisur sein, die Bücher, die du gerne lesen würdest, welche Sportart du treiben willst usw. Zeig deinen Eltern die beiden Listen und frag sie, ob du wenigstens eine Sache aus der zweiten Liste selbst entscheiden darfst.
- Wenn du dir ein wenig mehr Privatsphäre wünschst, sprich die entsprechenden Personen höflich darauf an: »Kann ich bitte nach der Schule erst einmal eine Stunde allein in meinem Zimmer sein und die Tür solange schließen?« – »Könntest du bitte anklopfen, bevor du ins Badezimmer kommst?«
- Kümmere dich gut um deine Sachen. Sorge dafür, dass dein Zimmer zumindest einigermaßen aufgeräumt ist. Wenn es Zeit wird, zur Schule zu gehen, sei ganz bei der Sache, und sorg dafür, dass du alles dabeihast. Diese Dinge zeigen, dass du wirklich erwachsen wirst.
- Träume davon, wie dein Leben einmal sein wird, wenn du selbst für dich sorgen kannst. Schreib deine Ideen in dein Tagebuch, oder leg dir ein Album an, in dem du deine Zukunftsträume festhältst.
- Spiel Verkleidungsspiele – allein oder mit Freunden –, in denen du so tust, als wärst du schon erwachsen. Dafür ist man nie zu alt.
- Freu dich auf das, was noch kommt: die weiterführende Schule, Volleyballspiele, deinen Führerschein, Make-up, Shoppingtouren mit deinen Freundinnen, gemeinschaftliche Projekte in der Schule. Überstürze aber nichts. Genieße das, was du im Moment hast: Du hast noch keine Geldsorgen, hast Zeit zum Spielen und zum Träumen, kannst albern sein, Spaß haben und dich kaputtlachen ...

- Bete, sooft du kannst, dafür, dass Gott dir hilft, in der Geschwindigkeit erwachsen zu werden, die er für richtig hält.
- Denk dran, dass du Gott nicht zur Eile drängen kannst.

Pass auf, dass du andere nicht verurteilst, die mit ihren vielen Piercings und Tattoos und anstößigem Schmuck auffallen wollen. Du weißt jetzt, dass viele Kids, die auf so einen Look abfahren, auf diese Weise versuchen, mit ihrem Leben klarzukommen. Bete für sie, dass Gott ihnen hilft, und lass dich in der Zwischenzeit nicht dazu verleiten, sie einfach als »Assis« abzustempeln.

Ist dir aufgefallen, dass all diese Vorschläge nichts mit rebellischem Verhalten zu tun haben, wie
- andere mit der Frisur schockieren;
- andere mit Piercings abschrecken;
- Tattoos als Ausdrucksmittel benutzen;
- extreme Outfits tragen, damit andere darauf aufmerksam werden;
- sich selbst gegenüber null Respekt zeigen, weil man das Gefühl hat, von niemandem respektiert zu werden?

Die meisten Vorschläge sind positiv formuliert, d. h. es geht eher darum, wie man aktiv etwas an seiner Situation ändern kann, als darum, bestimmte Dinge zu unterlassen. Allerdings kann es schwer sein, die positiven Dinge umzusetzen, wenn es leichter zu sein scheint, negativ zu handeln. Das ist der Grund, warum Gott für dich da ist.

Frag doch mal Gott!

Wenn du aber wütend und frustriert bist und glaubst, dass du dich mit einem Tattoo oder einem Nasenring besser fühlen wirst, dann hat Gott ein paar Worte für dich, die dir garantiert noch mehr helfen werden. Mit diesen Worten beschreibt er, dass er ein Vater ist, der dich absolut versteht. Und er wird dir helfen, mit deinen Gefühlen klarzukommen und deine Probleme auf eine Art zu lösen, die viel gesünder für dich ist – und die außerdem bestens funktioniert.

> **»Oder wisst ihr nicht, dass euer Leib ein Tempel des Heiligen Geistes in euch ist, der in euch lebt und euch von Gott geschenkt wurde? Ihr gehört nicht euch selbst, denn Gott hat einen hohen Preis für euch bezahlt. Deshalb ehrt Gott mit eurem Leib!«**
>
> 1. Korinther 6, 19-20

1. Schritt: Such dir ein stilles Plätzchen, wo du dich bei Gott abreagieren und deinen Gefühlen freien Lauf lassen kannst – entweder laut oder indem du sie einfach in dein Tagebuch schreibst.

»Vertraue allezeit auf ihn, mein Volk. Schütte dein Herz vor ihm aus, denn Gott ist unsere Zuflucht« (Psalm 62,9).

2. Schritt: Bitte Gott um das, was du brauchst: dass er dir hilft, die Dinge wieder in Ordnung zu bringen; um den Mut, dass du mit deinen Eltern reden kannst; um genügend Stärke, dass du *du selbst* sein kannst …

»Höre meine Stimme am Morgen, Herr. Früh am Morgen trage ich dir meine Bitten vor und warte voll Ungeduld« (Psalm 5,4).

3. Schritt: Warte und höre auf Gottes Antwort. Sprich weiter mit Gott, und du wirst wissen, was du zu tun hast.

»Vertraue auf den Herrn! Sei mutig und tapfer und hoffe geduldig auf den Herrn!« (Psalm 27,14).

4. Schritt: Tu das, was Gott dir sagt, egal, ob er durch die Bibel, durch den weisen Rat eines Erwachsenen oder durch eine leise innere Stimme zu dir spricht.

»Schenk mir Einsicht, und ich will deinem Gesetz gehorchen, ich will es von ganzem Herzen halten« (Psalm 119,34).

5. Schritt: Wiederhole die ersten vier Schritte jeden Tag. Gott wird die Dinge in dir heilen, die dich jetzt noch dazu treiben, deinen »Bad Girl«-Look aufzusetzen. Dann wirst du schöner sein als je zuvor.

»Gott ist unsre Zuflucht und unsre Stärke, der uns in Zeiten der Not hilft« (Psalm 46,2).

1. Schritt: Reagier dich bei Gott ab.
2. Schritt: Bitte Gott um Hilfe.
3. Schritt: Hör auf seine Antwort.
4. Schritt: Tu, was Gott dir sagt.
5. Schritt: Wiederhole Schritt 1 bis 4 jeden Tag.

JETZT KANN'S LOSGEHEN!

Egal, ob du mit großen Problemen zu kämpfen hast oder ob du dich nur gelegentlich über eine Sache ärgerst: Du wirst dich besser fühlen, wenn du eine Möglichkeit hast, deine Gefühle so auszudrücken, dass du weder dich selbst noch andere dabei verletzt. Fang damit an, dass du eine Sache aufschreibst, über die du dich ärgerst, die dich frustriert, aufregt, verletzt oder einfach nur schlechte Laune bei dir auslöst. Such dir dann eine der folgenden Methoden aus, wie du deine Gefühle sichtbar zum Ausdruck bringen kannst.

• Nimm dir ein Tagebuch, und schreib dir die Seele aus dem Leib, bis du das Gefühl hast, alles über das Problem gesagt zu haben. Nimm dir das Buch jedes Mal zur Hand, wenn die Gefühle wieder in dir hochkommen, und ergänze gegebenenfalls deine Einträge.
• Male ein Bild, das deine Not und deine Gefühle »herausschreit«. Die anderen müssen nicht erkennen können, was du gemalt hast – Hauptsache, du weißt, was gemeint ist. Malen mit Fingerfarben eignet sich dafür besonders, aber Wasserfarben und Pinsel sind genauso gut.
• Nimm dir ein Stück Ton oder Knete, und forme daraus eine Figur, die ausdrückt, wie es in dir aussieht. Du kannst sie jederzeit wieder zu einem Ball formen und eine neue Figur gestalten, wenn dir danach zumute ist.

Du wirst erstaunt sein, wie gut dir das tut, und dich wundern, was dir beim Schreiben, Malen oder Formen alles einfällt. Die kreative Beschäftigung mit deinen Händen macht deinen Kopf frei, sodass es dir leichter fällt, eine Lösung für deine Probleme zu finden. Das ist viel besser, als dich einfach nur hinter einem »Bad-Girl-Look« zu verstecken.

MEINE NOTIZEN

Schreibe hier auf, welche der oben genannten Möglichkeiten
du schon mal ausprobiert hast und wie es dir dabei ging:

....

....

....

....

....

....

....

....

....

....

....

....

Kapitel 9:

WAHRE SCHÖNHEIT
KOMMT VON INNEN

Die ganze Klasse hatte sich um das Schwarze Brett versammelt. Alle außer Betty. Sie wollte die Liste nicht sehen, die ihre Lehrerin, Frau Post, gerade aufhängte. Von Anfang an hatte sie die Idee blöd gefunden, gute Eigenschaften aufzuschreiben und dann »Klassensieger« zu wählen, auf die diese Merkmale am besten zutrafen. Aber als sie erst damit anfingen, Eigenschaften zu sammeln, fand sie die Idee noch blöder:

das süßeste Mädchen, der süßeste Junge
das schlauste Mädchen, der schlauste Junge
das begabteste Mädchen, der begabteste Junge
das bestangezogene Mädchen, der bestangezogene Junge
das sportlichste Mädchen, der sportlichste Junge
das beliebteste Mädchen, der beliebteste Junge
das witzigste Mädchen, der witzigste Junge

Als Frau Post nach weiteren Vorschlägen gefragt hatte, hatte Betty sich gemeldet. Das fiel ihr jetzt schon leichter als früher. »Der oder die Ehrlichste«, hatte sie vorgeschlagen.

Eines der Mädchen, das garantiert für »die Beliebteste« nominiert werden würde, hatte sofort Einspruch erhoben: »Das ist zu langweilig.«

»Keine negativen Kommentare«, hatte Frau Post gemahnt. »Alle Vorschläge werden berücksichtigt.«

Julian knurrte: »Wie wär's dann mit ›die Lächerlichste‹?«

Und wie wär's mit »der Gemeinste«?, dachte Betty wütend.

Frau Post hatte kurz über Julians Vorschlag nachgedacht und dann Bettys Vorschlag an die Tafel geschrieben. Dann hob Mia die Hand.

»Der oder die Freundlichste«, schlug sie vor.

»Ist das nicht dasselbe wie ›der oder die Beliebteste‹?«, fragte jemand.

»Das *sollte* so sein«, erwiderte Frau Post und legte dabei die Stirn in Falten. »Aber es ist leider nicht immer so. Wir werden das als separate Eigenschaft aufschreiben.«

Die Klasse verdrehte die Augen.

Aber jetzt hatten sie abgestimmt. Als Frau Post sich vom Schwarzen Brett entfernte, drängelten sich alle nach vorne, sie schubsten und schoben sich mit den Ellbogen vorwärts, damit sie als Erste erfahren würden, wer die Favoriten in der Klasse waren.

Alle außer Betty. Sie blieb an ihrem Platz sitzen und dachte nach. Seit Monaten hatte sie ihre Beauty-Liste mit Aufklebern abgehakt. Sie hatte die Sachen in ihrem Schrank aussortiert und war mit ihrer Mutter einkaufen gegangen. In ihren neuen Klamotten fühlte sie sich richtig wohl (und hübsch!). Sie war beim Friseur gewesen und hatte sich außerdem die coolste Brille ausgesucht, die sie finden konnte. Außer einem hatte sie keiner deswegen gehänselt. Sie betete jeden Abend für Julian.

Jetzt bin ich endlich so weit, dass ich mich schön finde, so, wie ich bin, dachte Betty frustriert. *Und da machen die so einen blöden Wettbewerb. Ich weiß jetzt schon, wer das süßeste Mädchen und wer am besten gekleidet ist. Und dann will wieder jeder so aussehen wie sie. Warum mussten wir bloß so ein bescheuertes Projekt machen und unsere »Favoriten« wählen?*

»Hey, Betty!«, rief Mia vom Schwarzen Brett aus. »Rate mal, als was du gewählt wurdest!«

»Ich?«, fragte Betty erstaunt.

Wie geht es weiter?

Lassen wir Betty noch eine Weile zappeln und sehen uns so lange ein weiteres wichtiges Merkmal an, das zur Schönheit beiträgt: Was ist das Wichtigste? Am Ende dieses Kapitels, wenn du auf der »Teste dich«-Seite angekommen bist, hast du die Möglichkeit, Bettys Geschichte zu Ende zu schreiben. Wie sie ausgeht, liegt in deiner Hand!

INFO-ECKE

In diesem Buch ging es um viele verschiedene Themen:
- wie du deine Einzigartigkeit entdecken und zeigen kannst;
- Haarpflege;
- Gesichtspflege;
- Tipps zur Hand- und Fußpflege;
- wie man ausgeglichen und gelassen wird;
- wie man Freude an der Mode und am Styling entdeckt;
- den »Bad Girl«-Look und
- Beauty-Flops.

Gleichzeitig hast du bestimmt herausgefunden, dass deine inneren Werte – also dein wahres, ungekünsteltes und authentisches Selbst – in Wirklichkeit das ist, was dich zu einem gut aussehenden Mädchen macht. Darum soll es jetzt noch ein kleines bisschen ausführlicher gehen. Auch wenn du dich nachher an nichts mehr erinnern kannst, was du in diesem Buch gelesen hast (was hoffentlich nicht der Fall sein wird), vergiss auf keinen Fall das hier:

Egal, wie sehr ein Mädchen mit seiner tollen Frisur, seiner Haut, den Nägeln und Klamotten glänzen kann oder wie makellos es zu sein scheint: Wirklich schön wird es nur dann sein, wenn es auch von innen heraus strahlt.

Sie wird vielleicht bei Schönheitswettbewerben gewinnen, einen Model-Vertrag bekommen oder von Jungs umringt sein. Das bedeutet, dass sie süß aussieht oder hübsch ist oder sogar, dass sie von Kopf bis Fuß praktisch perfekt aussieht. Aber es bedeutet nicht, dass sie schön ist!

Ein Mädchen, das schön ist, kann trotzdem sogenannte »Bad Hair Days«, Pickel und Haare an den Beinen haben. Es ist vielleicht zu ungeduldig, um sich stundenlang mit seinen Fingernägeln zu beschäftigen oder sich die Augenbrauen zu zupfen, und so ein Mädchen macht sich möglicherweise auch keine Gedanken darüber, dass es die anderen in seiner Klasse mit seiner Größe überragt. Es ist deshalb schön, weil es sich auf die Geheimnisse der Schönheit konzentriert:

Das Selbstvertrauen von .... (Hier kannst du ja mal probeweise deinen Namen einsetzen) gründet sich auf die Gaben und Talente, die Gott ihr gegeben hat, und das macht ihr Gesicht glatt und schön.

Ihre innere Freude lässt ihre Augen funkeln; ihre Ehrlichkeit gibt ihr einen klaren Blick.

Hinter ihrem umwerfenden Lächeln steckt ein humorvolles Wesen.

Das rosige Schimmern ihrer Haut ist eine Folge davon, dass sie voller Energie anderen hilft, mit ihnen teilt und bei allem ihr Bestes gibt. Ihre Freundlichkeit schenkt ihr ein weiches Aussehen.

Ihre Lippen sind wunderschön, weil sie für jeden ein positives, ermutigendes Wort hat.

Ihre Liebe zu Gott, den Menschen und sich selbst macht sie so attraktiv, dass man es kaum mit Worten beschreiben kann.

TESTE DICH!

Probier einmal das folgende Experiment aus, damit du weißt, wovon die Rede ist.

Such dir ein paar Mädchen aus, von denen du weißt, dass andere sie süß oder hübsch finden. Beobachte sie, sooft du kannst. Sieh besonders genau hin, wenn eine von ihnen sich gemein verhält oder schlechte Ausdrücke verwendet. Ist sie dann immer noch hübsch? Was wäre, wenn jemand in diesem Moment ein Foto von ihr machen würde? Ob sie so wohl eine Chance hätte, auf einem Zeitschriften-Cover abgebildet zu werden? (Diese Frage solltest du ihr natürlich nicht persönlich stellen! Lies lieber noch einmal in Kapitel 8 nach, wie du dich in solch einer Situation verhalten könntest.)

Nimm dir eine Zeitschrift, aus der du dir Seiten herausreißen darfst, und blättere sie durch. Such dir Bilder von Mädchen aus, die du hübsch findest, und schneide sie aus. Teile die Bilder dann in zwei Stapel: Auf den ersten Stapel legst du Bilder, auf denen Mädchen abgebildet sind, mit denen du gerne befreundet wärst. Auf den zweiten Stapel kommen die Bilder von den Mädchen, um die du lieber einen Bogen machen würdest. Worin unterscheiden sie sich? Welche Bilder zeigen Mädchen, die wirklich schön sind (aus deiner Sicht)?

Mach eine Liste von den Leuten, die du magst. Schreib neben jeden Namen die Eigenschaften, die diese Person in deinen Augen so liebenswert machen. Merk dir dann diese Person oder geh zu ihr hin und schau sie dir an. Findest du auch nur eine von ihnen hässlich? Wenn du beobachten willst, wie jemand noch schöner wird, als er oder sie schon ist, dann sag dieser Person, warum du sie so magst. Nicht nur der andere wird davon profitieren, sondern auch du selbst und deine eigene Schönheit!

Frag doch mal Gott!

Wäre es nicht cool, wenn du dir einfach vornehmen könntest: »Ab heute werde ich selbstbewusster, fröhlicher, lebenslustiger, energiegeladener, freundlicher, ermutigender und liebevoller sein«? Das wäre wie eine Blitz-Behandlung im Beautysalon.

Die Entwicklung solcher Eigenschaften braucht Zeit – und wir brauchen dazu Gott. Das geschieht nicht, indem wir einfach nur Bücher lesen, uns an Regeln halten oder andere Frauen nachahmen, die wir bewundern – obwohl das auch hilfreich sein kann. Wir können das nur dadurch schaffen, dass wir Gott jeden Tag unser ganzes Leben anvertrauen, damit er uns an die wichtigen Dinge erinnern kann, uns heilt, vergibt und uns führt. Das ist in der Tat eine exklusive Beauty-Behandlung! Sie ist ausreichend für unser ganzes Leben.

»**Du sollst den Herrn, deinen Gott, lieben, von ganzem Herzen, mit ganzer Seele und mit all deinen Gedanken!**« **Das ist das erste und wichtigste Gebot. Ein weiteres ist genauso wichtig:** ›**Liebe deinen Nächsten wie dich selbst.**‹«

Matthäus 22,37-39

»**Konzentriert euch auf das, was wahr und anständig und gerecht ist. Denkt über das nach, was rein und liebenswert und bewunderungswürdig ist, über Dinge, die Auszeichnung und Lob verdienen. ... Und der Gott des Friedens wird mit euch sein.**«

Philipper 4,8-9

>»Schließlich sollt ihr alle einig sein, voller Mitgefühl und gegenseitiger Liebe. Seid barmherzig zueinander und demütig. Vergeltet Böses nicht mit Bösem. Werdet nicht zornig, wenn die Leute unfreundlich über euch reden, sondern wünscht ihnen Gutes und segnet sie.«

1. Petrus 3, 8-9

JETZT KANN'S LOSGEHEN!

Wenn du willst, kannst du diese Bibelverse auswendig lernen. Lebe auf jeden Fall danach! Wenn du das tust, wirst du eine junge Frau mit fantastischem Charakter sein. Normalerweise denken wir, dass wir etwas für andere tun, wenn wir uns ihnen gegenüber mitfühlend, verständnisvoll und demütig verhalten. Genauso wichtig ist es aber, dass wir uns selbst auch so behandeln. Jesus hat gesagt: »Liebe deinen Nächsten *wie dich selbst.*« Wenn wir nicht wissen, wie wir mit uns selbst liebevoll umgehen sollen, wie können wir uns dann andern gegenüber so verhalten?

Fang also erst einmal damit an, dir selbst eine »Beauty-Behandlung« zu gönnen. Lies die wundervollen Eigenschaften, die Gott sich für dich wünscht. Schreib dann eine Sache auf, die du für dich selbst tun könntest, damit dir diese tolle Eigenschaft zugutekommt. Die Beispiele sollen eine Anregung für dich sein, aber du kannst natürlich auch eigene kreative Möglichkeiten finden.

Sei mitfühlend mit dir selbst.
(Zum Beispiel: Lass deinen Tränen freien Lauf ....
....
Sprich dir selbst tröstende Worte zu.)

Sei barmherzig mit dir selbst.
(Zum Beispiel: Quäl dich nicht selbst wegen ....
....
Umarme dich selbst.)

Sei dir deiner eigenen Stellung vor Gott bewusst
(denn das bedeutet »demütig« sein).
(Zum Beispiel: Gib Gott die Ehre für ....
....
Schreib ihm einen Dankesbrief.)

Verzeih dir selbst, wenn du einen Fehler gemacht hast, und
tu dir etwas Gutes (denn das bedeutet »segnen«).
(Zum Beispiel: Verzeih dir, dass du ....
....
Nimm ein ausgiebiges Bad als Zeichen der Reinigung.)

Sei ehrlich zu dir selbst.
(Zum Beispiel: Gesteh dir ein, dass du ....
....
Bitte dich selbst dafür um Verzeihung.)

Tritt für dich selber ein.
(Zum Beispiel: Geh zu ....
[eine Person, die dich gekränkt hat] und erkläre ihr/ihm [liebe-
voll], wie er/sie dich verletzt hat. Gib ihr/ihm etwas von deiner
Lieblings-Süßigkeit ab.)

MEINE NOTIZEN

Schlag noch einmal den Anfang dieses Kapitels auf und lies dir Bettys Geschichte durch.

Überleg, in welcher Eigenschaft Betty als Favorit gewählt werden könnte. Wie wird sie wohl darauf reagieren? Wie wird sie sich dabei fühlen? Stell dir vor, was in ihr vorgehen könnte, wenn sie das nächste Mal vor dem Spiegel steht. Schreib jetzt auf, wie die Geschichte ausgehen könnte. Nutze dafür deine eigene Fantasie. Wenn du willst, kannst du dafür die leeren Zeilen auf der letzten Seite dieses Kapitels nutzen.

Betty hat ganz schön Fortschritte gemacht, nicht wahr? Sie ist aber nicht allein. Genau in diesem Moment bist du genauso schön wie …
DU SELBST!
Das Ende von Bettys Geschichte:

....

....

....

....

....

....

....

....

....

Starke Tipps
zum Frauwerden

„Dieses Buch ist sehr empfehlenswert! Jugendliche lernen, mit ihrem Körper, anderen Menschen und Gott in der Pubertät umzugehen."

Leserin (12 Jahre)

„Was ist denn eigentlich mit mir los?" In letzter Zeit scheint dein Körper irgendwie ein Eigenleben zu entwickeln: Du entdeckst immer öfter Pickel im Gesicht, deine Gefühle spielen verrückt. Keine Panik! Da muss jedes Mädchen durch. In diesem Buch findest du jede Menge Tipps und Tricks rund ums Frauwerden. Schließlich sollst du dich in deinem „neuen" Körper richtig wohlfühlen. Gott hat sich dich als einzigartige und unvergleichliche Frau ausgedacht, und es braucht eben ein bisschen Zeit, um so ein Meisterwerk zu vollenden.

Nancy Rue • Was für Mädchen
Klappenbroschur • 192 Seiten • 978-3-86591-770-6

Verlagsgruppe Random House FSC® N001 967
Das für dieses Buch verwendete FSC®-zertifizierte Papier
Enso Classic 95 liefert Stora Enso, Finnland.

Die amerikanische Originalausgabe erschien im Verlag Zondervan,
Grand Rapids, Michigan 49530 USA, unter dem Titel
»The Skin You're In«. All rights reserved.
© 2007, 2010 by Nancy Rue.
© der deutschen Ausgabe 2014 by Gerth Medien GmbH, Asslar,
in der Verlagsgruppe Random House GmbH, München

Die Bibelstellen wurden, wenn nicht anders angegeben,
der Übersetzung Neues Leben. Die Bibel entnommen.
© Copyright der deutschen Ausgabe 2002 und 2006
by SCM R. Brockhaus im SCM-Verlag GmbH & Co. KG, Witten

Die Bibelzitate auf den Seiten 104 und 137 wurden folgender Bibelübersetzung
entnommen: »Hoffnung für alle®«, Copyright © 1983, 1996, 2002 by Biblica
Inc.™. Verwendet mit freundlicher Genehmigung des Brunnen Verlags.
Alle weitere Rechte weltweit vorbehalten.

1. Auflage 2014
Bestell-Nr. 816914
ISBN 978-3-86591-914-4

Lektorat: Verena Keil
Umschlaggestaltung: Hanni Plato
Umschlagfoto: Getty Images / Svemir
Satz: Greiner & Reichel GmbH, Köln
Druck und Verarbeitung: GGP Media GmbH, Pößneck
Printed in Germany